CW00951988

Antología poética

Mario Benedetti

Antología poética

Introducción de Pedro Orgambide
Selección del autor

Primera edición: 1984
Cuarta edición: 2011
Undécima reimpresión: 2020

Diseño de colección: Estudio de Manuel Estrada con la colaboración de Roberto Turégano y Lynda Bozarth
Diseño de cubierta: Manuel Estrada

Fotografía de cubierta: Rosa Muñoz, *Oleaje* (1998)
Selección de imagen: Alicia Fuentes

Calle Juan Ignacio Luca de Tena, 15
28027 Madrid
www.alianzaeditorial.es

ISBN: 978-84-206-5086-9
Depósito legal: B. 9.138-2011
Composición: Grupo Anaya
Printed in Spain

Si quiere recibir información periódica sobre las novedades de Alianza Editorial, envíe un correo electrónico a la dirección: alianzaeditorial@anaya.es

Índice

Referencias

En el índice precedente, a continuación del título de cada poema se indica su origen de acuerdo con las siguientes abreviaturas:

Solo mientras tanto [1948-1950]	SOLO
Poemas de la oficina [1953-1956]	OFIC
Poemas del hoyporhoy [1958-1961]	HOY
Noción de patria [1962-1963]	PATR
Próximo prójimo [1964-1965]	PROX
Contra los puentes levadizos [1965-1966]	PUEN
A ras de sueño [1967]	RAS
Quemar las naves [1968-1969]	QUEM
Letras de emergencia [1969-1973]	EMER
Poemas de otros [1973-1974]	OTROS
La casa y el ladrillo [1976-1977]	CASA
Cotidianas [1978-1979]	COTI
Viento del exilio [1980-1981]	EXIL
Geografías [1982-1984]	GEOG
Preguntas al azar [1985-1986]	AZAR
Yesterday y mañana [1987]	YEST
Despistes y franquezas [1988-1989]	DESP
Las soledades de Babel [1990-1991]	BABEL
El olvido está lleno de memoria [1992-1994]	OLVIDO
La vida ese paréntesis [1995-1997]	VIDA

Introducción

Mario Benedetti es uno de los escritores más leídos de nuestro idioma. Su obra literaria –más de sesenta libros, traducidos a veinticinco lenguas– abarca distintos géneros: la novela, el cuento, la poesía, el ensayo. Ha ejercido también la crítica literaria y el periodismo; es autor de teatro y algunos de sus poemas, transformados en letras de canciones, integran el repertorio de conocidos intérpretes como Joan Manuel Serrat, Daniel Viglietti y Nacha Guevara, entre otros.

Benedetti nació el 14 de septiembre de 1920, en Paso de los Toros, Departamento de Tacuarembó, República Oriental del Uruguay. Tenía cuatro años cuando su padre, químico de profesión, fue a vivir con su familia a Montevideo, la ciudad que no sólo es el telón de fondo, el escenario de su literatura, sino también una parte esencial de su biografía. La experiencia de un Montevideo apacible, provinciano y doméstico corresponde a su infancia, a los años en que asistía al colegio alemán, en el cual aprendió el rigor de los números, la pulcritud y los idiomas. En uno de sus primeros poemas evoca ese tiempo, cuando iba en tranvía a la escuela; todos los días, a la misma hora, subía también al tranvía un viejo ilustre: el poeta Juan Zorrilla de San Martín.

Ahora bien, antes que la literatura fuera, además de su pasión, su medio de vida, Benedetti realizó diferentes aprendizajes. A los catorce años era taquígrafo; más tarde fue vendedor, funcionario público y empleado contable, al igual que Martin Santomé, el protagonista de *La tregua,* y los personajes de *Poemas de la oficina.* También fue traductor, trabajó como locutor de radio y se inició como periodista en *Marcha,* la revista que durante varias décadas dirigió Carlos Quijano, en torno de la cual se nucleaban los más lúcidos intelectuales del Uruguay.

I. Poesía coloquial y prosaísmo

El primer libro que Benedetti incluyó en *Inventario* se titula *Solo mientras tanto* (1948-1950). Por sus temas y su lenguaje, estos textos son claros exponentes del movimiento lírico de entonces, que asimilaba y hacía suyas algunas experiencias poéticas europeas. Acallados –o debilitados– los ecos del modernismo, ya sin la tutela de Herrera y Reissig o Sabat Ercasty, los jóvenes poetas uruguayos de los años cuarenta, entre los que se encontraba Benedetti, intentaban un camino que los diferenciara de sus mayores.

En estos poemas iniciales, Benedetti adelanta un procedimiento que será frecuente en su obra posterior. Me refiero a la costumbre de alternar la imagen del objeto (paisaje, calle, casa) y la voz del sujeto que contempla, como puede observarse en los siguientes versos de «Elegir mi paisaje»:

> Ah si pudiera elegir mi paisaje
> elegiría, robaría esta calle,
> esta calle recién atardecida
> en la que encarnizadamente revivo
> y de la que sé con estricta nostalgia
> el número y el nombre de sus setenta árboles.

Por lo demás, ensaya en este poema cierta heterodoxia formal; lo inicia en segunda persona y lo termina en la primera persona confesional del agnóstico. También adelanta la intención de desacralizar las creencias establecidas a través de la paradoja y el humor:

> saber que Dios se muere, se resbala,
> que Dios retrocede con los brazos cerrados,
> con los labios cerrados, con la niebla,
> como un campanario atrozmente en ruinas
> que desandara siglos de ceniza.
>
> («Ausencia de Dios»)

Benedetti se permite, desde el comienzo, libertades e irreverencias, aunque su heterodoxia es disimulada por el lenguaje lírico. En el largo poema titulado «Asunción de ti» pueden reconocerse potenciales epigramas y la forma latente del *haikú*. Un ejemplo:

> Puedes
> venir a reclamarte como eras.
> Aunque ya no seas tú.

Poemas de la oficina (1953-1956) comporta una novedad casi absoluta en el panorama poético de la época; es la señal de un cambio ante la retórica nerudiana. Con Benedetti llega el *prosaísmo* al Río de la Plata; lo antecede, en la cronología, el *sencillismo* del argentino Baldomero Fernández Moreno, que no influye directamente en la poesía del uruguayo. Tampoco hay mayor relación con el *creacionismo* del chileno Vicente Huidobro, enfrentado a «lo lírico», a las previsibles metáforas, las fáciles asociaciones y «los furtivos *como* iluminados». Lo que Benedetti introduce en la poesía sudamericana, como Antonio Machado en la española, es el acercamiento del habla coloquial a la escritura y una mirada que redescubre la vida cotidiana.

Esta actitud es paralela a la de los poetas norteamericanos de la década del treinta, que abordan lo doméstico desde un lenguaje simple, cuyas tensiones exasperan, de manera casi imperceptible, la realidad concreta. En *Poemas de la oficina,* la crónica de lo rutinario se dramatiza en la sensación del lento transcurrir del tiempo:

> El cielo de veras que no es este de ahora
> el cielo de cuando me jubile
> durará todo el día

todo el día caerá
como lluvia de sol sobre mi calva.

Un personaje explícito o tácito, el oficinista, intuye que desperdicia su existencia, que la pierde, paradójicamente, en el cumplimiento de un horario. En «Amor, de tarde», el poeta hace (desde la voz del oficinista) el recuento de sus tareas mientras piensa en la amada, llevando a su cuerpo una tensión que no se verbaliza como angustia:

Es una lástima que no estés conmigo
cuando miro el reloj y son las cuatro
y acabo la planilla y pienso diez minutos
y estiro las piernas como todas las tardes
y hago así con los hombros para aflojar la espalda
y me doblo los dedos y les saco mentiras.

El *ritornello* («Es una lástima...») funciona con la precisión de un metrónomo, como recurso rítmico que subraya la monotonía; otras veces, un solo verso basta, como en «Ángelus», para definir esta situación:

Quién me iba a decir que el destino era esto.

Pero el humor mitiga la desdicha: el humor, que en la poesía de Benedetti es una constante, aquella mirada que impide la autocompasión, que permite observar al otro y a uno mismo sin mayores complacencias. El humor es capaz de crear antídotos a la angustia, mediante la creación de una tipología, como en «El nuevo» y

«Dactilógrafo», o mediante la utilización del vocabulario oficinesco con sentido paródico, como cuando es imitado el lenguaje de una carta comercial.

Benedetti avanza sobre los presupuestos del estereotipo lírico (lo que Carlos Mastronardi llamaba «lirismo y facilidad») y define, durante la década del cincuenta, una *poética del prosaísmo.* Esta nueva forma de escribir y expresar la realidad encontrará otro notable exponente en el chileno Nicanor Parra, inventor de los *antipoemas;* pero es la obra del uruguayo la que señala el camino que seguirá en los años sesenta la *poesía conversacional,* de la que Juan Gelman es el emergente más notorio en la Argentina, así como Roberto Fernández Retamar en Cuba y Ernesto Cardenal en Nicaragua.

II. Una épica de la vida cotidiana

A partir de su ruptura con el estereotipo lírico, la poesía de Benedetti avanzará por diferentes rumbos. En *Poemas del hoyporhoy* (1958-1961), emergen lo social y lo político; desde el título mismo la actualidad convocante y los estímulos de la realidad inmediata aparecen integrados.

El poema «Cumpleaños en Manhattan», fechado en Nueva York el 14 de septiembre de 1959, transmite un sentimiento de extranjería que, en más de un sentido, anticipa el exilio, delineando los rasgos principales de una épica que desarrollará después. Es el tiempo de los *beatniks,* de los golpeados de la *beat generation* (Allen Ginsberg, Jack Kerouac), de los cuestionadores del *ame-*

rican way of life; es el tiempo, también, de la Revolución Cubana.

Es el día de su cumpleaños. Lejos de casa y de los tangos, intuye una nueva dimensión poética, donde lo individual se une a lo político:

> tengo unas ganas cursis
> dolorosas
> de ver algo de mar
> de sentir cómo llueve en Andes y Colonia
> de oír a mi mujer diciendo cualquier cosa
> de escuchar las bocinas
> y de putear con eco

Por aquellos años, el registro épico se afirma en su poesía; prueba de ello es «Un padrenuestro latinoamericano», donde el poeta oficia de portavoz de las luchas de liberación que tienen lugar en América Latina. Pese a su intención manifiesta, el poema elude el tono panfletario y es el humor, otra vez, el que atempera el énfasis y permite a un poeta sudamericano conversar mano a mano con Dios.

Ciertamente, ya se habían producido en la poesía latinoamericana del siglo XX otros casos de conversión a lo épico; tres, al menos, durante la Guerra Civil española: la del chileno Pablo Neruda, la del peruano César Vallejo y la del argentino Raúl González Tuñón. Lo novedoso, en el caso de Benedetti, es que este cambio, más que a una ruptura, obedece a una continuidad: el prosaísmo encuentra su síntesis en lo épico.

¿Pero es épica, en realidad, esta poesía? ¿Se relaciona, verdaderamente, con la epopeya y con lo heroico? Más bien parece un abordaje de lo épico desde lo cotidiano, donde los énfasis pueden llegar a sonar ridículos. Nada más alejado de esta poesía que el tono profético. El humor impío (que llama *padrenuestro* a la oración de un agnóstico) señala la impronta de Benedetti; también los versos iniciales del poema:

> Padre nuestro que estás en los cielos
> con las golondrinas y los misiles
> quiero que vuelvas antes de que olvides
> cómo se llega al sur de Río Grande

Los viajes, los regresos. Comienza la parábola de las despedidas, los adioses, las imágenes furtivas del país de origen. Y la vuelta, el reconocimiento de una región del mundo como identidad: «donde... / ... ha quedado mi infancia y envejecen mis padres». Tal es el eje de *Noción de patria* (1962-1963):

> Quizá mi única noción de patria
> sea esta urgencia de decir Nosotros
> quizá mi única noción de patria
> sea este regreso al propio desconcierto.

Por entonces, cierta actitud melancólica, propensa al pesimismo, comienza a dar paso a una visión más dinámica y participativa del poeta, que se hace cargo no sólo de sus conflictos personales, sino de aquellos que surgen en la sociedad y en el mundo que le han tocado en suerte. De la primera actitud son ejemplos su novela inicial *Quién de nosotros* (1953), con ambientación y tipología de clase media uruguaya, y el ensayo *El país de la cola de paja* (1960), donde reflexiona críticamente sobre las debilidades de esa clase a la que él mismo pertenece. La segunda actitud, de ruptura y esperanzada superación, está dada por *El cumpleaños de Juan Ángel* (1971), su original novela en verso.

El reconocimiento del optimismo histórico no significa, de ninguna manera, el culto del optimismo *panglossiano,* como aquel personaje de Voltaire en *Cándido,* exultante ante lo obvio y negador de las dificultades. Tal reconocimiento significa, por el contrario, entender la complejidad de la historia, que a veces, como sabía Marx, «avanza por el lado malo».

En la larga, ardua y, a menudo, inútil discusión sobre poesía y política, ciertos críticos se impacientan cuando no pueden encasillar al poeta bajo rótulos previsibles. Algo de eso ocurre con la poesía de Benedetti: nadie podrá acusarlo de sectario ni de oportunista; lo político, para él, se da como un hecho existencial, como un lúcido abordaje de la condición humana. Esto resulta evidente en el poema «Todos conspiramos», incluido en *Próximo prójimo* (1964-1965), y en otros textos en los que el poeta sitúa su «yo» en medio del conflicto, de las tensiones y contradicciones de una sociedad muchas veces hostil a la libertad y el pensamiento.

La continuidad de esta actitud se proyecta en *Contra los puentes levadizos* (1965-1966) y alcanza su punto de máxima exaltación en el poema «Consternados, rabiosos», escrito en Montevideo, en octubre de 1967, con motivo de la muerte de Ernesto «Che» Guevara, y publicado ese mismo año en su libro *A ras de sueño.* En este poema, que manifiesta el duelo y el eventual sentimiento de culpa del intelectual frente al combatiente caído, se observan diferentes estados de ánimo: consternación, rabia, estupor, vergüenza. Finalmente, el poeta rompe el *duelo congelado,* como diría la psicoanalista Marie Langer, y alcanza la síntesis poética:

> donde estés
> si es que estás
> si estás llegando
> será una pena que no exista Dios
>
> pero habrá otros
> claro que habrá otros
> dignos de recibirte
> comandante.

Este poema bastaría para refutar a quienes confinan la poesía de tipo político y social a la categoría de mera propaganda. Al igual que en Miguel Hernández, Rafael Alberti y Federico García Lorca, en Benedetti el *mandato* social y político no es *extraliterario;* surge de una necesidad poética, como respuesta activa, desde la literatura, a los estímulos de lo real. No obedece a la *obligación ética,* propia del *intelectual orgánico,* como lo entendía Antonio Gramsci, y menos al estereotipo stalinista del *ingeniero del alma;* de lo que se trata, simplemente, es de la participación de un hombre, de un intelectual, de un poeta en la historia de su tiempo. Su papel no es el de mentor; en todo caso, sí, el de testigo.

III. Contra la semántica: táctica y estrategia

Durante la década del sesenta era frecuente buscar una síntesis entre las preocupaciones políticas y literarias. Mientras los intelectuales europeos continuaban la discusión en torno del concepto de *compromiso* formulado por Jean-Paul Sartre, no eran pocos los intelectuales latinoamericanos que participaban, simultáneamente, de la práctica política y del ejercicio, sin limitaciones, de la literatura. Es en este contexto que debe verse la adhesión de Benedetti a la Revolución Cubana, así como su permanencia en La Habana desde 1968 hasta 1971, donde dirigió el Centro de Investigaciones Literarias de la Casa de las Américas.

En *Quemar la naves* (1968-1969), Benedetti expresa sus convicciones políticas con gran libertad formal. El verso libre, instrumentado en amplios períodos, la ausencia de signos de puntuación, que se sustituyen por el escalonamiento tipográfico, la uniformidad de las minúsculas, que abarcan incluso los nombres propios, son visibles aspectos formales de este libro. Sin embargo, las razones de la Semántica (hay un poema que se titula así) parecen cuestionarse, o mejor: la de quienes socializan la semántica por encima de los significados. Por eso Benedetti dice de ella:

tu única salvación es ser nuestro instrumento
caricia bisturí metáfora fusil ganzúa interrogante tirabuzón
   blasfemia candado etcétera

ya verás
qué lindo serrucho haremos contigo.

Su afán desmitificador apunta, también, hacia los temas consagrados por la literatura. En «La infancia es otra cosa» arremete contra «los geniales demagogos» que realimentaron el mito de la inocencia y de la edad feliz. Porque «la otra infancia»

es la chiquilina a obligatoria distancia
la teresa rubia
de ojos alemanes y sonrisa para otros
humilladora de mis lápices de veneración de mis insignias
 de ofrenda de mis estampillas de homenaje
futura pobre gorda sofocada de deudas y de hijos pero
 entonces tan lejos y escarpada
y es también el amigo el único el mejor
aplastado en la calle

La desmitificación adquiere intencionalidad histórica en su poema sobre Artigas:

Se las arregló para ser contemporáneo de quienes nacieron
 medio siglo después de su muerte

En el poema titulado «El verbo», escribe Benedetti:

En el principio era el verbo
y el verbo no era dios
eran las palabras
frágiles transparentes y putas

El poeta no tiene más que las palabras: las palabras que justifican, a veces, una vida. Pero ocurre, suele ocurrir, que hay momentos en que las palabras no bastan, en que ellas parecen inútiles, carentes de significado. Algo de eso le pasa a Benedetti el 5 de enero de 1971, cuando muere su padre; sin embargo, encuentra fuerzas, y quizá consuelo, escribiendo «Casi un réquiem».

Otra muerte, esta vez de una joven militante llamada Soledad Barrett, tiene un registro solidario en su poesía, que intenta una explicación más profunda, más allá de las contingencias de la lucha y el dolor de la circunstancia:

> por lo menos no habrá sido fácil
> cerrar tus grandes ojos claros
> tus ojos donde la mejor violencia
> se permitía razonables treguas
> para volverse increíble bondad
>
> («Muerte de Soledad Barrett»)

Eran años difíciles, de duros enfrentamientos políticos y represión, que anticipaban el horror de las dictaduras por venir y, como dicen los viejos talmudistas, «quien anda con la antorcha de la verdad no deja de quemar algunas barbas». Y eso molesta, claro: impacienta, perturba. El cuestionamiento de Benedetti al orden establecido encendió no sólo barbas académicas sino también las de quienes detentaban el poder. Su poesía se tornó sospechosa, lo mismo que otros escritos suyos, más directos y polémicos.

Benedetti publica, por entonces, sus *Letras de emergencia* (1969-1973). En el poema «Gallos sueños», define su actitud:

tenemos una esperanza a prueba
de terremotos y congojas

sabemos esperar rodeados por la muerte
sabemos desvelarnos por la vida

Reconocemos la misma actitud en su *Poemas de otros* (1973-1974). Estos textos configuran la mirada especular de sus personajes y, al mismo tiempo, la proyección simbólica de su propia individualidad. Los «hombres que miran» son y no son Benedetti; constituyen personajes con su mismo aire de familia, con historias similares, que acaso se parecen a las del autor.

Una poética de Benedetti tendría que incluir, necesariamente, una galería de personajes vinculados con su biografía: el oficinista sedentario, el montevideano cordial, el periodista, el narrador, el viajero, el exiliado, el luchador político y, por supuesto, el poeta. El «Hombre preso que mira a su hijo» bien podría ser Benedetti recordando un tiempo más apacible del Uruguay:

cuando era como vos me enseñaron los viejos
y también las maestras bondadosas y miopes
que libertad o muerte era una redundancia

También es (o puede ser) Benedetti el «Hombre que mira su país desde el exilio»:

País verde y herido
  comarquita de veras
    patria pobre

Una constante en la poesía de Benedetti es el humor, que se manifiesta en el título «Táctica y estrategia», donde las palabras utilizadas en la guerra (o la política) sirven para hablar del abordaje amoroso. El trastrocamiento de los usos manifiestos del lenguaje otorga una insólita eficacia a ciertos versos; términos como *vanguardia* y *pueblo* tienen, por ejemplo, un sentido muy distinto del habitual en el poema «Bienvenida»:

tu rostro es la vanguardia
tal vez llega primero
porque lo pinto en las paredes
con trazos invisibles y seguros

no olvides que tu rostro
me mira como pueblo
sonríe y rabia y canta
como pueblo
y eso te da una lumbre
inapagable

En esa *zona franca* de la poesía, de significados cambiantes, es posible unir adjetivos y sustantivos de carácter opuesto:

Al principio ella fue una serena conflagración

(«La otra copa del brindis»)

Allí se recupera, a la vez, el ritmo de lo coloquial:

Compañera
usted sabe
que puede contar
conmigo
no hasta dos
o hasta diez
sino contar
conmigo

(«Hagamos un trato»)

Y es allí, también, donde se rescatan formas tradicionales de la poesía castellana, cuartetas con versos rimados aptos para la canción:

Tus manos son mi caricia
mis acordes cotidianos
te quiero porque tus manos
trabajan por la justicia

si te quiero es porque sos
mi amor mi cómplice y todo
y en la calle codo a codo
somos mucho más que dos

(«Te quiero»)

A principios de los años setenta, este último poema se hace canción y los versos de Benedetti, con música de Alberto Favero, pasan a formar parte del repertorio de varios intérpretes. La difusión de su obra, al margen del circuito literario, es multitudinaria; la literatura («nuestro soberano bien», como decía Albert Camus) continúa siendo, con todo, su mejor refugio.

IV. Memoria y desexilio

Entre 1971 y 1973, Benedetti tuvo a su cargo el Departamento de Literatura Hispanoamericana, en la Facultad de Humanidades y Ciencias de Montevideo. Al producirse el golpe militar de 1973, renunció a su puesto e inició un exilio que habría de durar doce años.

El comienzo del exilio de Benedetti fue realmente dramático: en Buenos Aires, la Triple A (Alianza Anticomunista Argentina) lo amenazó de muerte; luego fue obligado a abandonar el Perú por presión de sus perseguidores; finalmente, halló asilo en Cuba, donde volvió a trabajar, ahora como investigador literario, en la Casa de las Américas. Allí, y en otros lugares del mundo, participó en congresos y encuentros de escritores, demostrando ser un brillante interlocutor. Su posición fue siempre clara: de total solidaridad con los pueblos en lucha y de total amplitud frente a los problemas inherentes a la creación literaria. Con extrema lucidez, en un poema más tarde incluido en *Viento del exilio,* dijo sobre los poetas muertos en combate:

> cuántas veces y en cuántos enjambres y asambleas
> los habrán (mal) tratado de pequeñoburgueses
>
> («Estos poetas son míos»)

No pocos poemas escritos por Benedetti en ese tiempo difícil («cuando me confiscaron la palabra / y me quitaron hasta el horizonte») conmueven por su sobriedad y belleza. Algunos de ellos conforman *La casa y el ladrillo* (1976-1977), que lleva un significativo epígrafe de Bertolt Brecht: «Me parezco al que llevaba al ladrillo consigo / para mostrar al mundo cómo era su casa». Otros integran *Cotidianas* (1978-1979) y, finalmente, *Viento del exilio* (1980-1981), con el que se cierra un ciclo signado por el desarraigo y por la apropiación, desde la escritura, de la patria perdida. En su lenguaje se registran cambios casi imperceptibles: en lugar de *patria* dice *patria interina* («esta patria interina es dulce y honda») y el exilio se transforma en una inesperada paradoja: «este arraigo tan nómada». Este vasto corpus poético, que presenta ramificaciones y correspondencias en su narrativa y su ensayística, es la respuesta de Benedetti a quienes intentan silenciar (a veces de manera cruenta) voces insobornables como la suya.

En el último tramo de su exilio, Benedetti se traslada a España, donde continúa su incesante producción. Terminado el tiempo del oprobio, desde 1985 reside una parte del año en Montevideo y otra en Madrid. La palabra *desexilio,* acuñada por Benedetti, marca el tiempo de la vuelta, del reencuentro con aquellos que se quedaron en los años difíciles. La vuelta, el desexilio plantean, ante todo, la propia memoria y la confrontación, en el país de origen, de lo imaginado con la realidad.

«La riqueza de la vida está hecha de recuerdos olvidados», señala Cesare Pavese desde el epígrafe de un cuento escrito por Benedetti («Recuerdos olvidados»). En el relato inicial de *Geografías,* dos exiliados practican un juego de la memoria, que consiste en recordar detalles de Montevideo: un café, un teatro, una actriz, un político, una panadería. Este ejercicio mnemónico era frecuente en el exilio, donde recordar constituía una manera de volver.

> Vuelvo / quiero creer que estoy volviendo
> con mi peor y mi mejor historia
> conozco este camino de memoria
> pero igual me sorprendo
> ....
> nosotros mantuvimos nuestras voces
> ustedes van curando sus heridas
> empiezo a comprender las bienvenidas
> mejor que los adioses
>
> («Quiero creer que estoy volviendo»)

Este poema (titulado *Vuelvo* en la canción que musicalizó Alberto Favero) aborda con belleza un tema conflictivo: la falsa opción entre «los que se fueron» y «los que se quedaron» que dio motivo a más de una discusión estéril y a olvidables comentarios en los círculos de los intelectuales. No se trata de una cómoda posición ecléctica, y menos aún de una mirada omnipotente sobre el propio conflicto («me quedan dos o tres viejos rencores / y sólo una confianza»), sino de trasladar al poema cierto equilibrio de su ensayística, donde el pensamiento crítico es, como quería José Martí, «ejercicio del criterio». En *Geografías* (1982-1984), los textos funcionan como elementos dinámicos de una lectura fragmentaria, donde se unen las voces y el narrador. El que narra, el que canta es, finalmente, el portavoz de los enmudecidos:

> Están en algún sitio / concertados
> desconcertados / sordos
> buscándose / buscándonos
> bloqueados por los signos y las dudas
> contemplando las verjas de las plazas
> los timbres de las puertas / las viejas azoteas
> ordenando sus sueños sus olvidos
> quizá convalecientes de su muerte privada
>
> («Desaparecidos»)

En su libro *Preguntas al azar* (1985-1986), Benedetti se despide, con reflexivo humor, de su pesimismo, así como de cierta estética del desencanto:

> Ya sos mayor de edad
> tengo que despedirte pesimismo
> ....
> se te ve la fruición por el malogro
> tu viejo idilio con la mala sombra
> tu manía de orar junto a las ruinas
> tu goce ante el desastre inesperado
>
> («Chau pesimismo»)

Benedetti escribe, por entonces, las diez canciones de *El Sur también existe,* con música de Joan Manuel Serrat.

Allí se muestra, a través de la paradoja, la crítica social y la parodia, la desigual relación entre el Norte y el Sur, entre «quienes se desviven» y «quienes se desmueren». En esta producción, se destaca la canción «Una mujer desnuda y en lo oscuro», donde lo erótico reaparece con el decantado humor de personas expertas en el asunto:

> Una mujer desnuda y en lo oscuro
> tiene una claridad que nos alumbra
> de modo que si ocurre un desconsuelo
> un apagón o una noche sin luna
> es conveniente y hasta imprescindible
> tener a mano una mujer desnuda

Los autores de canciones no suelen perder el tiempo en discusiones teóricas sobre su profesión, ni siquiera aquellos que, como Chico Buarque, incursionan en la literatura: pragmáticos, dejan a otros esa misión. Quizá por eso los asiduos concurrentes a congresos, saraos, ferias y simposios de poesía son observados con irónica indulgencia por Benedetti. En «Los poetas», incluido en su libro *Yesterday y mañana* (1987), hace un recuento de actitudes, contratiempos y malentendidos de las personas dedicadas a este inasible oficio. En este cuestionamiento, la crítica y la autocrítica tienen imprecisos límites, ya que todo escritor ha cumplido, en algún momento, con ese ritual de la cultura institucionalizada, que nos mediatiza con sus castigos y sus premios. Pero hay un instante, el último, el definitivo, que los poetas esperan:

beben discuten callan argumentan valoran
pero cuando al final del día se recogen
saben que la poesía llegará / si es que llega
siempre que estén a solas con su cuerpo y su alma

V. Mambrú como antihéroe: caricatura y carnaval

Un aspecto poco subrayado de la poesía de Benedetti es su tendencia a la caricatura y el carnaval. Como en los dibujos de George Grosz y en las películas de Charles Chaplin o Buster Keaton, sus poemas enlazan lo cómico y lo patético con felicidad. El carnaval supone la máscara, algo que aparenta ser y no es: un héroe puede ser un antihéroe, un personaje más de la historia, un tipo común y corriente. El efecto cómico está en lo inesperado de su comportamiento, que se transforma inmediatamente en un *gag*.

Así, en el poema «La vuelta de Mambrú», el héroe debe renunciar al bronce, en razón de las inútiles armas que ha llevado a la guerra:

Cuando mambrú se fue a la guerra
llevaba una almohadilla y un tirabuzón
la almohadilla para descansar después
 de las batallas
y el tirabuzón para descorchar las
 efímeras victorias

también llevaba un paraguas contra
 venablos aguaceros y palabrotas

un anillo de oro para la suerte y contra
los orzuelos
y un llavero con la llave de su más
íntimo desván

Mambrú como antihéroe, como personaje doméstico a contramano de la épica, es uno de los grandes hallazgos de este poema narrativo. Algunas observaciones («... a menudo le resultaba insoportable / la ausencia de la señora de mambrú») bordean el chiste; otras funcionan más bien como letanías:

cuántas cicatrices
cuánta melancolía
cuántos cabestrillos
cuántas hazañas
y rendiciones incondicionales

El personaje legendario, sobreviviente de las mezquindades de la historia, el que no volvió para la Pascua ni para Navidad, regresa como pasajero de avión, en un vuelo regular de Iberia, y da una conferencia de prensa, lo mismo que un actor o un político. Entonces, abandonando el prosaísmo de los primeros tramos del poema, se imponen algunas insólitas metáforas:

traje una brisa con arpegios
una paciencia que es un río
una memoria de cristal
un ruiseñor dos ruiseñoras
....

traje un teléfono del sueño
y un aparejo para náufragos

traje este traje y otro más
y un faro que baja los párpados
traje un limón contra la muerte
y muchas ganas de vivir

VI. Fragmentos de un discurso amoroso

La poesía de Benedetti ha ido creciendo en distintas direcciones. El mismo poema que antecede es una muestra de su ductilidad, al usar imágenes prácticamente surrealistas y otras más tradicionales dentro de determinados patrones métricos.

Decantadas las urgencias de experimentación formal, se registra en la obra poética de Benedetti, alternándose con otras composiciones en verso libre, un nuevo acercamiento a las formas tradicionales, mediante el empleo de la métrica y la rima. El recurrente tema amoroso cruza otra vez su poética en «Informe sobre caricias», poema estructurado en estrofas de tres y cuatro versos, con métrica y rima.

A la manera de las coplas, que anuncian el tema e insinúan su resolución, las seis estrofas del poema participan de una intención sentenciosa, característica de la poesía popular:

1.
La caricia es un lenguaje
si tus caricias me hablan
no quisiera que se callen

Como en los dichos o *relaciones* que se intercalan en las danzas folklóricas, el poema ofrece variaciones en sus respectivas secuencias:

> 2.
> La caricia no es la copia
> de otra caricia lejana
> es una nueva versión
> casi siempre mejorada
>
> 3.
> Es la fiesta de la piel
> la caricia mientras dura
> y cuando se aleja deja
> sin amparo a la lujuria

La voluntaria sencillez de la forma permite al poeta mostrar con simpatía el tema amoroso:

> 4.
> Las caricias de los sueños
> que son prodigio y encanto
> adolecen de un defecto
> no tienen tacto

Una segunda lectura de la caricia, de intención más profunda, se manifiesta en estos versos:

> 5.
> Como aventura y enigma
> la caricia empieza antes
> de convertirse en caricia

Otra observación, más pícara y amable, cierra el «Informe»:

> 6.
> Es claro que lo mejor
> no es la caricia en sí misma
> sino su continuación

En «Compañero de olvido», publicado en su libro *Despistes y franquezas* (1988-1989) con una dedicatoria a Juan Gelman, Benedetti resume buena parte de sus preocupaciones existenciales y estéticas en una suerte de «demanda contra el olvido», para decirlo con palabras de Raúl González Tuñón. La presencia de un tácito interlocutor hace que el discurso adquiera cierto carácter confesional, donde las angustias del otro pasan a ser las propias:

> compañero de olvido / no te olvido
> tus tormentos asoman en mis sienes blancuzcas
> el mundo cambia pero no mi mano
> ni aunque dios nos olvide / olvidaremos

Pero el escritor no sólo es su escritura. La realidad de una obra está dada tanto por los significados de los textos como por las sutiles relaciones de cada uno de ellos con su productor, ese sujeto único que opera como emisor de múltiples mensajes. Además, en la obra de Benedetti, un mismo texto aparece bajo diferentes formas, circunstancias y estructuras, lo que permite continuamente nuevas lecturas. Así, un texto poético «inventado» por el personaje de una novela es «reapropiado» por el autor en otro contexto y el poema «programado» en una computadora es el pretexto de un cuento fantástico, donde la máquina construye un poema original.

Por otro lado, en un escritor de obra tan vasta y diversa, la relación entre su poesía y otros géneros literarios es previsible. La afinidad entre los *Poemas de la oficina* y una novela como *La tregua* es evidente; otro tanto ocurre entre los poemas del exilio y la novela *Primavera con una esquina rota.* Cuentos, miscelánea y prosa fragmentaria suelen tener parentescos con su poesía, cuya versatilidad permite toda clase de intercambios. Su narrativa, además, hizo posible obras teatrales, cinematográficas y televisivas que complementan la mirada del *lector-espectador*.

VII. Fulanos y menganas: del *kitsch* a la utopía

En *Las soledades de Babel* (1990-1991), Benedetti revela su código poético en un texto construido con nombres de ciudades y de autores. El «Soneto (no tan) arbitrario» configura una geografía real-imaginaria, donde «Venecia / Guanajuato / Maupassant» rima con «Kafka / Managua / Faulkner / Paul Celan». Los nombres más cercanos de Horacio Quiroga y Juan Carlos Onetti suenan familiares en los ámbitos de Buenos Aires y Montevideo. Al fin y al cabo, uno es lo que vivió, la cadencia de esas palabras que, en el Río de la Plata, siempre tienen algo de tango; al menos en el poema «Se va se va el vapor», dos versos como los siguientes suenan definitivamente tangueros:

> El barco es una lástima en la noche
> estela de resaca y baba gris

En ciertos poemas de Benedetti se recupera esa cadencia tan criolla de los tangos, valses y milongas rioplatenses. Pero hay un poema, «Desde el alma (vals)», que trasciende esos parentescos; homónimo del vals criollo, utiliza a manera de *ritornello* dos palabras («alma ayúdame») como si fueran pronunciadas por un cuerpo escindido de su conciencia, de su mente, de su espíritu. Tal dualidad, eminentemente platónica, adquiere un fuerte dramatismo desde el punto de vista de poeta, que observa su propio cuerpo como materia condenada. Músculos, estómago, nervios, riñones, bronquios, sexo son vistos por este huésped, por este «anfitrión de tus dolores», como algo separado y en cierto modo ajeno a él: un cuerpo que cumple su inevitable cielo vital, que envejece y muere. Por fin el poeta rompe esa ilusoria separación: es él, en cuerpo y alma, «incapaz de ser alma sin tus vísceras».

Es muy significativo que, en los poemas de índole trascendente, Benedetti emplee el humor como restando importancia a su discurso o para hacerlo más amable y cordial. Así, llama «mengana» a la mujer destinataria de su amor y habla de sí como «yo, *fulano de mí*», dando otra vuelta de tuerca a la expresión lírica que, finalmente, se impone al deliberado uso del *kitsch:*

así / sin intenciones misteriosas
sé que voy a elegir de buena gana
de mi viejo jardín sólo tus rosas

de las altas ventanas tu ventana
de los signos del mar tu mar de cosas
y de todo el amor / tu amor / mengana

(«Soneto kitsch a una mengana»)

¿Hasta qué punto el «fulano» oculta el «yo» para no impacientar al prójimo? Como en las situaciones de su narrativa, Benedetti manifiesta cortesía hacia el lector: no hay exabruptos, ni penosas confesiones, ni desmesuradas efusiones sentimentales. Por el contrario, hay una piadosa y a veces irónica mirada sobre el hecho mismo de existir. En este sentido, el poema «Certificado de existencia» sugiere más de lo que dice; allí, el «fulano» no es el «yo» sino otro: un «fulano presuntuoso» que obtiene en el consulado un certificado de existencia.

El poema plantea, sin proponérselo de manera explícita, disimulándolo a través del humor, la diferencia entre el *ser* y el *estar.* Aunque no nos hallamos delante de un texto filosófico, se habla aquí de algo que va más allá de un mero personaje o una anécdota imaginaria:

si me enfrento al espejo
y mi rostro no está

Quien habla está verbalizando una situación extrema, familiarizada con la locura. Uno atisba aquí lo «fronterizo», una expresión frecuente en Horacio Quiroga para definir los trastornos de la imaginación. En vano sonreímos versos después, al leer la afirmación:

vivir / después de todo
no es tan fundamental

Es cierto que, como dice el poema, hay muchos «zutanos [que] andan por la calle / creyendo que están vivos» sin su probatorio certificado de existencia. Hay cientos, miles, millones de personas «normales», que no se inquietan por asuntos como éstos, ni pretenden cambiar el mundo. Para los extremistas del «sentido común», este tiempo que nos toca vivir es el de la muerte de las utopías, el de la aceptación pragmática de la sociedad de consumo: lo demás es tontería, pérdida de tiempo, ilusión de la realidad, mentira al fin.

Para estos agoreros, entre los que se encuentran numerosos intelectuales que decretan el fin de las ideologías, ya no tiene sentido la indagación acerca del hombre histórico, complejo y perfectible, ni el intento de mejorar su condición.

Sin embargo, hay quienes no admiten el nuevo conformismo y otros que, como en la canción de Serrat, no se han enterado de esa situación e insisten, los muy tercos, en hacer justicia.

Entre ellos se encuentra el «fulano» de Benedetti, que descree de un mundo sin utopías:

Cómo voy a creer / dijo el fulano
que el mundo se quedó sin utopías

cómo voy a creer
que la esperanza es un olvido
o que el placer una tristeza

cómo voy a creer / dijo el fulano
que el universo es una ruina
aunque lo sea
o que la muerte es el silencio
aunque lo sea

cómo voy a creer
que el horizonte es la frontera
que el mar es nadie
que la noche es nada

(«Utopías»)

Benedetti lleva a un extremo casi panteísta los términos de un enfrentamiento ideológico. Uno se pregunta si este poema es una respuesta a la concepción pragmática y utilitaria del capitalismo o si apunta también, con sentido crítico, a la visión mecanicista de la burocracia que deformó el socialismo. Porque la muerte de las utopías, en realidad, sería inconcebible sin la previa existencia de un «precoz conformismo», como señalara el poeta turco Nazim Hikmet.

Pero éste sería el contexto del poema, no su texto, que va de lo general (universo, mar, noche) al diálogo íntimo de una mujer y un hombre, de un «fulano» y una «mengana», que no se resignan a un mundo sin ilusiones, sin esperanzas, sin utopías. Se trata, sin duda, de un romanticismo muy doméstico; pero quizá por eso conmueve más, como una pequeña historia dentro de la otra, la historia grande, que se niega a morir:

> cómo voy a creer / dijo el fulano
> que la utopía ya no existe
> si vos / mengana dulce
> osada / eterna
> si vos / sos mi utopía

VIII. Para una lectura panorámica

La reunión en esta *Antología poética* de textos tan diversos, pertenecientes a distintas épocas y períodos de Benedetti, permite la lectura panorámica de una producción que se renueva constantemente, a partir de cinco núcleos de interés:

1) la reproducción simbólica de lo real a través de la expresión lírica;
2) la utilización del *prosaísmo* como una forma eficaz de aprehender y transmitir las imágenes y voces de lo real;
3) la incorporación de lo social y lo político como posible variante de una *épica de lo cotidiano;*
4) el humor como antídoto a los desmesurados énfasis de lo lírico y lo épico;
5) la construcción de una posible erótica.

Estos cinco núcleos, presentes a lo largo de toda la obra poética de Benedetti, tienen un correlato en su obra narrativa. En efecto, existen simpatías y semejanzas entre el lirismo *prosaísta* de sus poemas y el lenguaje de los cuentos de *Montevideanos* o de su novela *La borra del café,* así como entre la búsqueda experimental de «Cumpleaños en Manhattan» y ciertos poemas, que culmina en la construcción de su novela en verso *El cumpleaños de Juan Ángel,* y el despliegue de una prosa que, por su dinámica misma, parece desembocar en la poesía, como en *Primavera con una esquina rota.*

Tales cruces y puentes entre prosa y poesía, característica de una escritura que emplea formas y procedimientos de distintos géneros literarios, se ponen de manifiesto en esta antología especialmente preparada por el autor para la Colección Austral. Si bien estos procedimientos no son hoy tan infrecuentes en la literatura (Benedetti recuerda en *Despistes y franquezas* a Julio Cortázar, Oswald de Andrade, Macedonio Fernández y Augusto Monterroso), la síntesis de prosa y poesía podía parecer exótica hace cuarenta años, sobre todo entre los cultores de lo lírico. Quizá la lectura de algunos poetas ingleses nos fue acostumbrando a ciertos recursos prosaístas. Pero, sin duda, entre los escritores rioplatenses, el que llevó más lejos tales fusiones e intercambios fue Benedetti, quien durante mucho tiempo escribió a contramano de las modas, usos y costumbres de ambas orillas del Plata.

Más allá de las aventuras y las desventuras con la crítica, su obra logró difundirse e imponerse en todo el mundo de habla hispana, a través de poemas y canciones que apelan al *lector-oyente,* a un público activo y participante. Benedetti se asemeja, en nuestro tiempo, a aquellos viejos cantores de telón, que desplegaban sus historias en plazas, ferias y mercados. Sus historias son las de nuestro tiempo, con sus hazañas, adversidades, hecatombes, crímenes, adioses y regresos. También son el inventario de un hombre de apariencia sencilla, de gesto y voz mesurados, de un prójimo, un «fulano» que habla de amor, de «menganas» y mujeres desnudas, y acerca a la gente su palabra despojada de solemnidad. Así prosigue su obra Benedetti, así persevera en su oficio de poeta, que no es otra cosa que su *oficio de vivir.*

Pedro Orgambide
(2002)

Bibliografía

ALBISTUR, Jorge, «Vivos y negros en los versos grises», *La Semana,* suplemento cultural de *El Día,* Montevideo, 6 al 12 de febrero de 1988.

ALFARO, Hugo, *Mario Benedetti (detrás de un vidrio claro),* Montevideo, Ediciones Trilce, 1986, 219 págs.

ALFAYA, Javier, «El secreto del canto», *El Independiente,* Madrid, 4 de febrero de 1990.

ARBELECHE, Jorge, «Mario Benedetti (ensayo sobre poética)», *Eco,* Bogotá, 1974, págs. 73-84.

BARROS, Daniel, «Tres poetas de hoy: Teillier, Benedetti y Gelman», en *Poesía sudamericana actual,* Madrid, Miguel Castellote Edit., 1972.

CAMPANELLA, Hortensia, «Mario Benedetti en la poesía actual», *Nueva Estafeta,* Madrid, julio de 1986.

DA CUNHA GIABBAI, Gloria, *El exilio: realidad y ficción,* Montevideo, Edit. Arca, 1992.

DELANO, Poli, «Benedetti: elevación de la poesía cotidiana», *Última Hora,* Santiago de Chile, 18 de febrero de 1962.

FERNÁNDEZ LEÓN, Orlando, «La poesía como fenómeno social», *El País,* Cali, octubre de 1973.

HANSZ, Ingrid, «Dos etapas en la poesía de Mario Benedetti», Houston, Texas, Rice University, 1987, 69 págs.

HENDERSON, Carlos, «Un cantar de la más alta poesía», *Revista de la Universidad de México,* Ciudad de México, mayo de 1972.

LAGO, Sylvia, «La poesía como iluminación», *Brecha,* Montevideo, 2 de mayo de 1986.

— «La pregunta elucidante», en *El discurso de la transformación,* Montevideo, Universidad de la República, 1991.

— «Sobre soledades y encuentros», *Brecha,* Montevideo, 21 de febrero de 1992.

MANSOUR, Mónica, *Tuya, mía, de otros / La poesía coloquial de Mario Benedetti,* Ciudad de México, Universidad Nacional Autónoma de México, 1979.

MARRA, Nelson, «Benedetti: el canto del exilio», *Mundo Obrero,* Madrid, 1984.

MERCIER, Lucien, «La palabra bajada del Olimpo», *Crisis,* Buenos Aires, noviembre de 1974 (versión ampliada en *Recopilación de textos sobre Mario Benedetti,* de Ambrosio Fornet, La Habana, Casa de las Américas, 1976).
OBIOL, Salvador, «Tres nombres de la poesía uruguaya: Vilariño, Cunha y Benedetti», *Excelsior,* Ciudad de México, 13 de julio de 1981.
OSNAJANSKI, Norma, «Benedetti, ternura sin piedad», *Uno por uno,* Buenos Aires, mayo de 1969.
OVIEDO, José Miguel, «Benedetti: un dominio colonizado por la poesía», *Amaru,* Lima, octubre-diciembre de 1967.
POLO GARCÍA, Victorino, «Mario Benedetti, un poema, un libro, un encuentro», *Anthropos,* Barcelona, mayo de 1992.
RAMA, Ángel, «Del horizonte de uno al horizonte de todos», *Marcha,* Montevideo, 19 de enero de 1965.
RAMÍREZ RODRÍGUEZ, Rómulo, «Benedetti y su inventario vital», *La Crónica,* Lima, 26 de diciembre de 1979.
REIN, Mercedes, «La poesía de Benedetti, balance provisorio», en *Recopilación de textos sobre Mario Benedetti,* de Ambrosio Fornet, La Habana, Casa de las Américas, 1976.
SALAZAR BONDY, Sebastián y MIRÁN, Diego, «Benedetti, liberación poética», *El Comercio,* Lima, 5 de abril de 1964.
VALVERDE, José María, «Verso versus prosa: dos casos en Hispanoamérica», *Revista Canadiense de Estudios Hispánicos,* otoño de 1976.

Antología poética

Elegir mi paisaje

Si pudiera elegir mi paisaje
de cosas memorables, mi paisaje
de otoño desolado,
elegiría, robaría esta calle
que es anterior a mí y a todos.

Ella devuelve mi mirada inservible,
la de hace apenas quince o veinte años
cuando la casa verde envenenaba el cielo.
Por eso es cruel dejarla recién atardecida
con tantos balcones como nidos a solas
y tantos pasos como nunca esperados.

Aquí estarán siempre, aquí, los enemigos,
los espías aleves de la soledad,
las piernas de mujer que arrastran a mis ojos
lejos de la ecuación de dos incógnitas.

Aquí hay pájaros, lluvia, alguna muerte,
hojas secas, bocinas y nombres desolados,
nubes que van creciendo en mi ventana
mientras la humedad trae lamentos y moscas.

Sin embargo existe también el pasado
con sus súbitas rosas y modestos escándalos
con sus duros sonidos de una ansiedad cualquiera
y su insignificante comezón de recuerdos.

Ah si pudiera elegir mi paisaje
elegiría, robaría esta calle,
esta calle recién atardecida
en la que encarnizadamente revivo
y de la que sé con estricta nostalgia
el número y el nombre de sus setenta árboles.

Ausencia de Dios

Digamos que te alejas definitivamente
hacia el pozo de olvido que prefieres,
pero la mejor parte de tu espacio,
en realidad la única constante de tu espacio,
quedará para siempre en mí, doliente,
persuadida, frustrada, silenciosa,
quedará en mí tu corazón inerte y sustancial,
tu corazón de una promesa única
en mí que estoy enteramente solo
sobreviviéndote.

Después de ese dolor redondo y eficaz,
pacientemente agrio, de invencible ternura,
ya no importa que use tu insoportable ausencia
ni que me atreva a preguntar si cabes
como siempre en una palabra.

Lo cierto es que ahora ya no estás en mi noche
desgarradoramente idéntica a las otras
que repetí buscándote, rodeándote.
Hay solamente un eco irremediable
de mi voz como niño, esa que no sabía.

Ahora qué miedo inútil, qué vergüenza
no tener oración para morder,
no tener fe para clavar las uñas,
no tener nada más que la noche,
saber que Dios se muere, se resbala,
que Dios retrocede con los brazos cerrados,
con los labios cerrados, con la niebla,
como un campanario atrozmente en ruinas
que desandara siglos de ceniza.

Es tarde. Sin embargo yo daría
todos los juramentos y las lluvias,
las paredes con insultos y mimos,
las ventanas de invierno, el mar a veces,
por no tener tu corazón en mí,
tu corazón inevitable y doloroso
en mí que estoy enteramente solo
sobreviviéndote.

Asunción de ti

A Luz

1

Quién hubiera creído que se hallaba
sola en el aire, oculta,
tu mirada.
Quién hubiera creído esa terrible
ocasión de nacer puesta al alcance
de mi suerte y mis ojos,
y que tú y yo iríamos, despojados
de todo bien, de todo mal, de todo,
a aherrojarnos en el mismo silencio,
a inclinarnos sobre la misma fuente
para vernos y vernos
mutuamente espiados en el fondo,
temblando desde el agua,
descubriendo, pretendiendo alcanzar
quién eras tú detrás de esa cortina,
quién era yo detrás de mí.
Y todavía no hemos visto nada.
Espero que alguien venga, inexorable,
siempre temo y espero,
y acabe por nombrarnos en un signo,
por situarnos en alguna estación
por dejarnos allí, como dos gritos
de asombro.
Pero nunca será. Tú no eres ésa,
yo no soy ése, ésos, los que fuimos

antes de ser nosotros.
Eras sí pero ahora
suenas un poco a mí.
Era sí pero ahora
vengo un poco de ti.
No demasiado, solamente un toque,
acaso un leve rasgo familiar,
pero que fuerce a todos a abarcarnos
a ti y a mí cuando nos piensen solos.

2

Hemos llegado al crepúsculo neutro
donde el día y la noche se funden y se igualan.
Nadie podrá olvidar este descanso.
Pasa sobre mis párpados el cielo fácil
a dejarme los ojos vacíos de ciudad.
No pienses ahora en el tiempo de agujas,
en el tiempo de pobres desesperaciones.
Ahora sólo existe el anhelo desnudo,
el sol que se desprende de sus nubes de llanto,
tu rostro que se interna noche adentro
hasta sólo ser voz y rumor de sonrisa.

3

Puedes querer el alba
cuando ames.
Puedes

venir a reclamarte como eras.
He conservado intacto tu paisaje.
Lo dejaré en tus manos
cuando éstas lleguen, como siempre,
anunciándote.
Puedes
venir a reclamarte como eras.
Aunque ya no seas tú.
Aunque mi voz te espere
sola en su azar
quemando
y tu dueño sea eso y mucho más.
Puedes amar el alba
cuando quieras.
Mi soledad ha aprendido a ostentarte.
Esta noche, otra noche
tú estarás
y volverá a gemir el tiempo giratorio
y los labios dirán
esta paz ahora esta paz ahora.
Ahora puedes venir a reclamarte,
penetrar en tus sábanas de alegre angustia,
reconocer tu tibio corazón sin excusas,
los cuadros persuadidos,
saberte aquí.
Habrá para vivir cualquier huida
y el momento de la espuma y el sol
que aquí permanecieron.
Habrá para aprender otra piedad
y el momento del sueño y el amor
que aquí permanecieron.

Esta noche, otra noche
tú estarás,
tibia estarás al alcance de mis ojos,
lejos ya de la ausencia que no nos pertenece.
He conservado intacto tu paisaje
pero no sé hasta dónde está intacto sin ti,
sin que tú le prometas horizontes de niebla,
sin que tú le reclames su ventana de arena.
Puedes querer el alba cuando ames.
Debes venir a reclamarte como eras.
Aunque ya no seas tú,
aunque contigo traigas
dolor y otros milagros.
Aunque seas otro rostro
de tu cielo hacia mí.

Sueldo

Aquella esperanza que cabía en un dedal,
aquella alta vereda junto al barro,
aquel ir y venir del sueño,
aquel horóscopo de un larguísimo viaje
y el larguísimo viaje con adioses y gente
y países de nieve y corazones
donde cada kilómetro es un cielo distinto,
aquella confianza desde no sé cuándo,
aquel juramento hasta no sé dónde,
aquella cruzada hacia no sé qué,
ese aquél que uno hubiera podido ser
con otro ritmo y alguna lotería,
en fin, para decirlo de una vez por todas,

aquella esperanza que cabía en un dedal
evidentemente no cabe en este sobre
con sucios papeles de tantas manos sucias
que me pagan, es lógico, en cada veintinueve
por tener los libros rubricados al día
y dejar que la vida transcurra,
gotee simplemente
como un aceite rancio.

El nuevo

Viene contento
el nuevo
la sonrisa juntándole los labios
el lápizfaber virgen y agresivo
el duro traje azul
de los domingos.
Decente
un muchachito.
Cada vez que se sienta
piensa en las rodilleras
murmura sí señor
se olvida
de sí mismo.
Agacha la cabeza
escribe sin borrones
escribe escribe
hasta
las siete menos cinco.
Sólo entonces
suspira

y es un lindo suspiro
de modorra feliz
de cansancio tranquilo.

Claro
uno ya lo sabe
se agacha demasiado
dentro de veinte años
quizá
de veinticinco
no podrá enderezarse
ni será
el mismo
tendrá unos pantalones
mugrientos y cilíndricos
y un dolor en la espalda
siempre en su sitio.
No dirá
sí señor
dirá viejo podrido
rezará palabrotas
despacito
y dos veces al año
pensará
convencido
sin creer su nostalgia
ni culpar al destino
que todo
todo ha sido
demasiado
sencillo.

Dactilógrafo

Montevideo quince de noviembre
de mil novecientos cincuenta y cinco
Montevideo era verde en mi infancia
absolutamente verde y con tranvías
muy señor nuestro por la presente
yo tuve un libro del que podía leer
veinticinco centímetros por noche
y después del libro la noche se espesaba
y yo quería pensar en cómo sería eso
de no ser de caer como piedra en un pozo
comunicamos a usted que en esta fecha
hemos efectuado por su cuenta
quién era ah sí mi madre se acercaba
y prendía la luz y no te asustes
y después la apagaba antes que me durmiera
el pago de trescientos doce pesos
a la firma Menéndez & Solari
y sólo veía sombras como caballos
y elefantes y monstruos casi hombres
y sin embargo aquello era mejor
que pensarme sin la savia del miedo
desaparecido como se acostumbra
en un todo de acuerdo con sus órdenes
de fecha siete del corriente
era tan diferente era verde
absolutamente verde y con tranvías
y qué optimismo tener la ventanilla
sentirse dueño de la calle que baja
jugar con los números de las puertas cerradas

y apostar consigo mismo en términos severos
rogámosle acusar recibo lo antes posible
si terminaba en cuatro o trece o diecisiete
era que iba a reír o a perder o a morirme
de esta comunicación a fin de que podamos
y hacerme tan sólo una trampa por cuadra
registrarlo en su cuenta corriente
absolutamente verde y con tranvías
y el Prado con caminos de hojas secas
y el olor a eucaliptus y a temprano
saludamos a usted atentamente
y desde allí los años y quién sabe.

Después

El cielo de veras que no es este de ahora
el cielo de cuando me jubile
durará todo el día
todo el día caerá
como lluvia de sol sobre mi calva.
Yo estaré un poco sordo para escuchar los árboles
pero de todos modos recordaré que existen
tal vez un poco viejo para andar en la arena
pero el mar todavía me pondrá melancólico
estaré sin memoria y sin dinero
con el tiempo en mis brazos como un recién nacido
y llorará conmigo y lloraré con él
estaré solitario como una ostra
pero podré hablar de mis fieles amigos
que como siempre contarán desde Europa

sus cada vez más tímidos contrabandos y becas.
Claro estaré en la orilla del mundo contemplando
desfiles para niños y pensionistas
aviones
eclipses
y regatas
y me pondré sombrero para mirar la luna
nadie pedirá informes ni balances ni cifras
y sólo tendré horario para morirme
pero el cielo de veras que no es este de ahora
ese cielo de cuando me jubile
habrá llegado demasiado tarde.

Ángelus

Quién me iba a decir que el destino era esto.

Ver la lluvia a través de letras invertidas,
un paredón con manchas que parecen prohombres,
el techo de los ómnibus brillantes como peces
y esa melancolía que impregna las bocinas.

Aquí no hay cielo,
aquí no hay horizonte.

Hay una mesa grande para todos los brazos
y una silla que gira cuando quiero escaparme.
Otro día se acaba y el destino era esto.

Es raro que uno tenga tiempo de verse triste:
siempre suena una orden, un teléfono, un timbre,
y, claro, está prohibido llorar sobre los libros
porque no queda bien que la tinta se corra.

Amor, de tarde

Es una lástima que no estés conmigo
cuando miro el reloj y son las cuatro
y acabo la planilla y pienso diez minutos
y estiro las piernas como todas las tardes
y hago así con los hombros para aflojar la espalda
y me doblo los dedos y les saco mentiras.

Es una lástima que no estés conmigo
cuando miro el reloj y son las cinco
y soy una manija que calcula intereses
o dos manos que saltan sobre cuarenta teclas
o un oído que escucha cómo ladra el teléfono
o un tipo que hace números y les saca verdades.

Es una lástima que no estés conmigo
cuando miro el reloj y son las seis.
Podrías acercarte de sorpresa
y decirme «¿Qué tal?» y quedaríamos
yo con la mancha roja de tus labios
tú con el tizne azul de mi carbónico.

Licencia

Aquí empieza el descanso.
En mi conciencia y en el almanaque
junto a mi nombre y cargo en la planilla
aquí empieza el descanso.
Dos semanas.

Debo apurarme porque hay tantas cosas
recuperar el mar
eso primero
recuperar el mar desde una altura
y hallar toda la vida en cuatro olas
gigantescas y tristes como sueños

mirar el cielo estéril
y encontrarlo cambiado
hallar que el horizonte
se acercó veinte metros
que el césped hace un año era más verde
y aguardar con paciencia
escuchando los grillos
el apagón tranquilo de la luna.

Me desperezo
grito
poca cosa
qué poca cosa soy sobre la arena
la mañana se fue
se va la tarde
la caída del sol me desanima

sin embargo respiro
sin embargo
qué apretujón de ocio a plazo fijo.

Pero nadie se asusta
nadie quiere
pensar que se ha nacido para esto
pensar que alcanza y sobra
con los pinos
y la mujer
y el libro
y el crepúsculo.

Una noche cualquiera acaba todo
una mañana exacta
seis y cuarto
suena el despertador como sonaba
en el resto del año
un alarido.

Aquí empieza el trabajo.
En mi cabeza y en el almanaque
junto a mi nombre y cargo en la planilla.
Aquí empieza el trabajo.
Mansamente.
Son
cincuenta semanas.

Monstruos

Qué vergüenza
carezco de monstruos interiores
no fumo en pipa frente al horizonte
en todo caso creo que mis huesos
son importantes para mí y mi sombra
los sábados de noche me lleno de coraje
mi nariz qué vergüenza no es como la de Goethe
no puedo arrepentirme de mi melancolía
y olvido casi siempre que el suicidio es gratuito
qué vergüenza me encantan las mujeres
sobre todo si son consecuentes y flacas
y no confunden sed con paroxismo
qué vergüenza diosmío no me gusta Ionesco
sin embargo estoy falto de monstruos interiores
quisiera prometer como dios manda
y vacilar como la gente en prosa
qué vergüenza en las tardes qué vergüenza
en las tardes más oscuras de invierno
me gusta acomodarme en la ventana
ver cómo la llovizna corre a mis acreedores
y ponerme a esperar o quizás a esperarte
tal como si la muerte fuera una falsa alarma.

Los pitucos

Hijo mío
recuérdalo
son éstos los pitucos

tienen un aire
verdad
que es un desaire

tienen la marca
verdad
de su comarca

mira
son los pitucos
nacen junto a la rambla
respiran el salitre
le hacen guiños al sol
se rascan el ombligo
duermen siestas feroces
besan con labios blandos
y en la rambla se mueren
y van al paraíso
y claro
el paraíso
es también una rambla

fíjate bien
son ellos
los pitucos
casi una raza aparte
son nietos de estancieros
primos de senadores
sobrinos de sobrinos
de heroicos industriales

son ágiles
imberbes
deportistas
cornudos

mira cómo te miran
bajo sus lentes negros
pero no te preocupes
en el fondo
son buenos

aman los dividendos
escuchan a Stravinsky
se bañan diariamente
con jabón perfumado
y a la hora del crepúsculo
bajan todos al Centro

hijo mío
prométeme
nunca intentes hacerles
zancadillas

los pitucos son tenues
los pitucos son blandos
una bocina
un grito
a veces una huelga
les arruinan el alma

en ocasiones
raras ocasiones
se hacen los malos
dicen palabrotas
pero después se mueren
de vergüenza
y allá en su diario íntimo
se azotan con metáforas

hijo mío
recuérdalo
son éstos los pitucos

tienen un pelo
verdad
que es terciopelo

una cadencia
verdad
que es decadencia

tú
déjalos pasar
son de otra raza
admíralos
toléralos
apláudelos
escúpelos
tírales caramelos
cualquier cosa

después
cuando seas grande
grande
y tengas un hijo
lo tomas de la mano
lo traes aquí a la rambla
y sin darle importancia
le dices
hijo mío
son éstos los pitucos

Interview

No es ninguna molestia
explicarle qué pienso
del infinito
el infinito es
sencillamente
un agrio viento frío
que eriza las mucosas
la piel
y las metáforas
le pone a uno en los ojos
lágrimas de rutina
y en la garganta un nudo
de sortilegio
seguramente usted ya se dio cuenta
en el fondo no creo
que exista el infinito.

Bueno sobre política
jesús
sobre política
mi bisabuelo que era liberal
espiaba a las criadas en el baño
mi abuelo el reaccionario
extraviaba las llaves de sus deudas
mi padre el comunista
compraba hectáreas con un gesto de asco
yo soy poeta
señor
y usted debe saber que los poetas
vivimos a la vuelta de este mundo
claro que usted quizá no tenga tiempo
para tener paciencia
pero debe conocer que en el fondo
yo no creo en la política.

Por supuesto el estilo
qué pienso del estilo
una cosa espontánea que se va haciendo sola
siempre escribí en la cama
mucho mejor que en los ferrocarriles
qué más puedo agregar
ah domino el sinónimo
módico exiguo corto insuficiente
siempre escribo pensando en el futuro
pero el futuro
se quedó sin magia
me olvidaba que usted
ya sabe que en el fondo
yo no creo en el estilo.

El amor el amor
ah caramba
el amor
por lo pronto me gusta
la mujer
bueno fuera
el alma
el corazón
sobre todo las piernas
poder alzar la mano
y encontrarla a la izquierda
tranquila
o intranquila
sonriendo desde el pozo
de su última modorra
o mirando mirando
como a veces se mira
un rato antes del beso
después de todo
usted y yo sabemos
que en el fondo
el amor
el amor
es una cosa seria.

Por favor
esto último
no vaya a publicarlo.

Cumpleaños en Manhattan

Todos caminan
yo también camino

es lunes y venimos con la saliva amarga
mejor dicho
son ellos los que vienen

a la sombra de no sé cuántos pisos
millones de mandíbulas
que mastican su goma
sin embargo son gente de este mundo
con todo un corazón bajo el chaleco

hace treinta y nueve años
yo no estaba
tan solo y tan rodeado
ni podía mirar a las queridas
de los innumerables ex-sargentos
del ex-sargentísimo Batista
que hoy sacan a mear
sus perros de abolengo
en las esquinas de la democracia

hace treinta y nueve años
allá abajo
más abajo de lo que hoy se conoce
como Fidel Castro o como Brasilia
abrí los ojos y cantaba un gallo

tiene que haber cantado
necesito
un gallo que le cante al Empire State Building
con toda su pasión
y la esperanza
de parecer iguales
o de serlo

todos caminan
yo también camino
a veces me detengo
ellos no
no podrían

respiro y me siento
respirar
eso es bueno
tengo sed y me cuesta
diez centavos de dólar
otro jugo de fruta
con gusto a Guatemala

este cumpleaños
no es
mi verdadero
porque este alrededor
no es
mi verdadero
los cumpliré más tarde
en febrero o en marzo
con los ojos que siempre me miraron

las palabras que siempre me dijeron
con un cielo de ayer sobre mis hombros
y el corazón deshilachado y terco

los cumpliré más tarde
o no los cumplo
pero éste no es mi verdadero

todos caminan
yo también camino
y cada dos zancadas poderosas
doy un modesto paso melancólico

entonces los becarios colombianos
y los taximetristas andaluces
y los napolitanos que venden pizza y cantan
y el mexicano que aprendió a mascar chicles
y el brasileño de insolente fotómetro
y la chilena con su amante gringo
y los puertorriqueños que pasean
su belicoso miedo colectivo
miran y reconocen mi renguera
y ellos también se aflojan un momento
y dan un solo paso melancólico
como los autos de la misma marca
que se hacen una seña con las luces

nunca estuvo tan lejos
ese cielo
nunca estuvo tan lejos
y tan chico

un triángulo isósceles nublado
que ni siquiera es una nube entera

tengo unas ganas cursis
dolorosas
de ver algo de mar
de sentir cómo llueve en Andes y Colonia
de oír a mi mujer diciendo cualquier cosa
de escuchar las bocinas
y de putear con eco

de conseguir un tango
un pedazo de tango
tocado por cualquiera
que no sea Kostelanetz

pero también es bueno
sentir alguna vez un poco de ternura
hacia este chorro enorme
poderoso
indefenso
de humanidad dócilmente apurada
con la cruz del confort sobre su frente
un poco de imprevista ternura sin raíces
digamos por ejemplo hacia una madre equis
que ayer en el zoológico de Central Park
le decía a su niño con preciosa nostalgia
look Johnny this is a cow
porque claro
no hay vacas entre los rascacielos

y otro poco de fe
que es mi único folklore

para agitar como un pañuelo blanco
cuando pasen o simplemente canten
las tres clases de seres más vivos de este Norte
quiero decir los negros
las negras
los negritos

todos caminan
pero yo
me he sentado
un yanqui de doce años me lustra los zapatos
él no sabe que hoy es mi cumpleaños
ni siquiera que no es mi verdadero
por mi costado pasan todos ellos
acaso yo podría ser un dios provisorio
que contemplara inerme su rebaño
o podría ser un héroe más provisorio aún
y disfrutar mis trece minutos estatuarios

pero todo está claro
y es más dulce
más útil
sobre todo más dulce
reconocer que el tiempo está pasando
que está pasando el tiempo y hace ruido
y sentirse de una vez para siempre
olvidado y tranquilo
como un cero a la izquierda.

Nueva York,
14 de setiembre de 1959.

Un padrenuestro latinoamericano

Padre nuestro que estás en los cielos
con las golondrinas y los misiles
quiero que vuelvas antes de que olvides
cómo se llega al sur de Río Grande

Padre nuestro que estás en el exilio
casi nunca te acuerdas de los míos
de todos modos dondequiera que estés
santificado sea tu nombre
no quienes santifican en tu nombre
cerrando un ojo para no ver las uñas
sucias de la miseria

en agosto de mil novecientos sesenta
ya no sirve pedirte
venga a nos el tu reino
porque tu reino también está aquí abajo
metido en los rencores y en el miedo
en las vacilaciones y en la mugre
en la desilusión y en la modorra
en esta ansia de verte pese a todo

cuando hablaste del rico
la aguja y el camello
y te votamos todos
por unanimidad para la Gloria
también alzó su mano el indio silencioso
que te respetaba pero se resistía
a pensar hágase tu voluntad

sin embargo una vez cada tanto
tu voluntad se mezcla con la mía
la domina
la enciende
la duplica
más arduo es conocer cuál es mi voluntad
cuándo creo de veras lo que digo creer

así en tu omnipresencia como en mi soledad
así en la tierra como en el cielo
siempre
estaré más seguro de la tierra que piso
que del cielo intratable que me ignora

pero quién sabe
no voy a decidir
que tu poder se haga o se deshaga
tu voluntad igual se está haciendo en el viento
en el Ande de nieve
en el pájaro que fecunda a su pájara
en los cancilleres que murmuran yes sir
en cada mano que se convierte en puño

claro no estoy seguro si me gusta el estilo
que tu voluntad elige para hacerse
lo digo con irreverencia y gratitud
dos emblemas que pronto serán la misma cosa
lo digo sobre todo pensando en el pan nuestro
de cada día y de cada pedacito de día

ayer nos lo quitaste
dánosle hoy

o al menos el derecho de darnos nuestro pan
no sólo el que era símbolo de Algo
sino el de miga y cáscara
el pan nuestro
ya que nos quedan pocas esperanzas y deudas
perdónanos si puedes nuestras deudas
pero no nos perdones la esperanza
no nos perdones nunca nuestros créditos

a más tardar mañana
saldremos a cobrar a los fallutos
tangibles y sonrientes forajidos
a los que tienen garras para el arpa
y un panamericano temblor con que se enjugan
la última escupida que cuelga de su rostro

poco importa que nuestros acreedores perdonen
así como nosotros
una vez
por error
perdonamos a nuestros deudores

todavía
nos deben como un siglo
de insomnios y garrote
como tres mil kilómetros de injurias
como veinte medallas a Somoza
como una sola Guatemala muerta

no nos dejes caer en la tentación
de olvidar o vender este pasado

o arrendar una sola hectárea de su olvido
ahora que es la hora de saber quiénes somos
y han de cruzar el río
el dólar y su amor contrarrembolso
arráncanos del alma el último mendigo
y líbranos de todo mal de conciencia
amén.

Noción de patria

Cuando resido en este país que no sueña
cuando vivo en esta ciudad sin párpados
donde sin embargo mi mujer me entiende
y ha quedado mi infancia y envejecen mis padres
y llamo a mis amigos de vereda a vereda
y puedo ver los árboles desde mi ventana
olvidados y torpes a las tres de la tarde
siento que algo me cerca y me oprime
como si una sombra espesa y decisiva
descendiera sobre mí y sobre nosotros
para encubrir a ese alguien que siempre afloja
el viejo detonador de la esperanza.

Cuando vivo en esta ciudad sin lágrimas
que se ha vuelto egoísta de puro generosa
que ha perdido su ánimo sin haberlo gastado
pienso que al fin ha llegado el momento
de decir adiós a algunas presunciones
de alejarse tal vez y hablar otros idiomas
donde la indiferencia sea una palabra obscena.

Confieso que otras veces me he escapado.
Diré ante todo que me asomé al Arno
que hallé en las librerías de Charing Cross
cierto Byron firmado por el vicario Bull
en una navidad de hace setenta años.
Desfilé entre los borrachos de Bowery
y entre los Brueghel de la Pinacoteca
comprobé cómo puede trastornarse
el equipo sonoro del Chateau de Langeais
explicando medallas e incensarios
cuando en verdad había sólo armaduras.

Sudé en Dakar por solidaridad
vi turbas galopando hasta la Mona Lisa
y huyendo sin mirar a Botticelli
vi curas madrileños abordando a rameras
y en casa de Rembrandt turistas de Dallas
que preguntaban por el comedor
suecos amontonados en dos metros de sol
y en Copenhague la embajada rusa
y la embajada norteamericana
separadas por un lindo cementerio.

Vi el cadáver de Lídice cubierto por la nieve
y el carnaval de Río cubierto por la samba
y en Tuskegee el rabioso optimismo de los negros
probé en Santiago el caldillo de congrio
y recibí el Año Nuevo en Times Square
sacándome cornetas del oído.

Vi a Ingrid Bergman correr por la Rue Blanche
y salvando las obvias diferencias

vi a Adenauer entre débiles aplausos vieneses
vi a Kruschev saliendo de Pennsylvania Station
y salvando otra vez las diferencias
vi un toro de pacífico abolengo
que no quería matar a su torero.
Vi a Henry Miller lejos de sus trópicos
con una insolación mediterránea
y me saqué una foto en casa de Jan Neruda
dormí escuchando a Wagner en Florencia
y oyendo a un suizo entre Ginebra y Tarascón
vi a gordas y humildes artesanas de Pomaire
y a tres monjitas jóvenes en el Carnegie Hall
marcando el jazz con negros zapatones
vi a las mujeres más lindas del planeta
caminando sin mí por la Vía Nazionale.

Miré
admiré
traté de comprender
creo que en buena parte he comprendido
y es estupendo todo es estupendo
sólo allá lejos puede uno saberlo
y es una linda vacación
es un rapto de imágenes
es un alegre diccionario
es una fácil recorrida
es un alivio.

Pero ahora no quedan más excusas
porque se vuelve aquí
siempre se vuelve.

La nostalgia se escurre de los libros
se introduce debajo de la piel
y esta ciudad sin párpados
este país que nunca sueña
de pronto se convierte en el único sitio
donde el aire es mi aire
y la culpa es mi culpa
y en mi cama hay un pozo que es mi pozo
y cuando extiendo el brazo estoy seguro
de la pared que toco o del vacío
y cuando miro el cielo
veo acá mis nubes y allí mi Cruz del Sur
mi alrededor son los ojos de todos
y no me siento al margen
ahora ya sé que no me siento al margen.

Quizá mi única noción de patria
sea esta urgencia de decir Nosotros
quizá mi única noción de patria
sea este regreso al propio desconcierto.

Juego de villanos

La muerte se puso una cara de monstruo
una cara de monstruo horrible
esperó y esperó detrás de la esquina
salió al fin de la sombra como un trozo de sombra
y el niño huyó más rápido que su propio alarido.

Entonces la muerte se puso otra cara
una vieja cara de mendigo
esperó y esperó enfrente de la iglesia
extendiendo la mano y gimiendo su pena
y el niño no supo qué hacer con su piedad.

Entonces la muerte se puso otra cara
una cara de mujer hermosa
esperó y esperó con los brazos abiertos
tan maternal tan fiel tan persuasiva
que el niño quedó inmóvil de susto o de ternura.

Entonces la muerte sacó su última cara
una cara de juguete inocente
esperó y esperó tranquila en la bohardilla
tan quieta tan trivial tan seductora
que el niño le dio cuerda con una sola mano.

Entonces la muerte se animó despacito
más traidora que nunca y le cortó las venas
y le pinchó los ojos y le quitó el aliento
y era lo único que podía esperarse
porque con la muerte no se juega.

Corazón coraza

Porque te tengo y no
porque te pienso
porque la noche está de ojos abiertos
porque la noche pasa y digo amor
porque has venido a recoger tu imagen

y eres mejor que todas tus imágenes
porque eres linda desde el pie hasta el alma
porque eres buena desde el alma a mí
porque te escondes dulce en el orgullo
pequeña y dulce
corazón coraza

porque eres mía
porque no eres mía
porque te miro y muero
y peor que muero
si no te miro amor
si no te miro

porque tú siempre existes dondequiera
pero existes mejor donde te quiero
porque tu boca es sangre
y tienes frío
tengo que amarte amor
tengo que amarte
aunque esta herida duela como dos
aunque te busque y no te encuentre
y aunque
la noche pase y yo te tenga
y no.

A la izquierda del roble

No sé si alguna vez les ha pasado a ustedes
pero el Jardín Botánico es un parque dormido
en el que uno puede sentirse árbol o prójimo

siempre y cuando se cumpla un requisito previo.
Que la ciudad exista tranquilamente lejos.

El secreto es apoyarse digamos en un tronco
y oír a través del aire que admite ruidos muertos
cómo en Millán y Reyes galopan los tranvías.

No sé si alguna vez les ha pasado a ustedes
pero el Jardín Botánico siempre ha tenido
una agradable propensión a los sueños
a que los insectos suban por las piernas
y la melancolía baje por los brazos
hasta que uno cierra los puños y la atrapa.

Después de todo el secreto es mirar hacia arriba
y ver cómo las nubes se disputan las copas
y ver cómo los nidos se disputan los pájaros.

No sé si alguna vez les ha pasado a ustedes
ah pero las parejas que huyen al Botánico
ya desciendan de un taxi o bajen de una nube
hablan por lo común de temas importantes
y se miran fanáticamente a los ojos
como si el amor fuera un brevísimo túnel
y ellos se contemplaran por dentro de ese amor.

Aquellos dos por ejemplo a la izquierda del roble
(también podría llamarlo almendro o araucaria
gracias a mis lagunas sobre Pan y Linneo)
hablan y por lo visto las palabras

se quedan conmovidas a mirarlos
ya que a mí no me llegan ni siquiera los ecos.

No sé si alguna vez les ha pasado a ustedes
pero es lindísimo imaginar qué dicen
sobre todo si él muerde una ramita
y ella deja un zapato sobre el césped
sobre todo si él tiene los huesos tristes
y ella quiere sonreír pero no puede.

Para mí que el muchacho está diciendo
lo que se dice a veces en el Jardín Botánico

> ayer llegó el otoño
> el sol de otoño
> y me sentí feliz
> como hace mucho
> qué linda estás
> te quiero
> en mi sueño
> de noche
> se escuchan las bocinas
> el viento sobre el mar
> y sin embargo aquello
> también es el silencio
> mirame así
> te quiero
> yo trabajo con ganas
> hago números
> fichas
> discuto con cretinos

me distraigo y blasfemo
dame tu mano
ahora
ya lo sabés
te quiero
pienso a veces en Dios
bueno no tantas veces
no me gusta robar
su tiempo
y además está lejos
vos estás a mi lado
ahora mismo estoy triste
estoy triste y te quiero
ya pasarán las horas
la calle como un río
los árboles que ayudan
el cielo
los amigos
y qué suerte
te quiero
hace mucho era niño
hace mucho y qué importa
el azar era simple
como entrar en tus ojos
dejame entrar
te quiero
menos mal que te quiero

No sé si alguna vez les ha pasado a ustedes
pero puede ocurrir que de pronto uno advierta
que en realidad se trata de algo más desolado

uno de esos amores de tántalo y azar
que Dios no admite porque tiene celos.

Fíjense que él acusa con ternura
y ella se apoya contra la corteza
fíjense que él va tildando recuerdos
y ella se consterna misteriosamente.

Para mí que el muchacho está diciendo
lo que se dice a veces en el Jardín Botánico

vos lo dijiste
nuestro amor
fue desde siempre un niño muerto
sólo de a ratos parecía
que iba a vivir
que iba a vencernos
pero los dos fuimos tan fuertes
que lo dejamos sin su sangre
sin su futuro
sin su cielo
un niño muerto
sólo eso
maravilloso y condenado
quizá tuviera una sonrisa
como la tuya
dulce y honda
quizá tuviera un alma triste
como mi alma
poca cosa
quizá aprendiera con el tiempo

a desplegarse
a usar el mundo
pero los niños que así vienen
muertos de amor
muertos de miedo
tienen tan grande el corazón
que se destruyen sin saberlo
vos lo dijiste
nuestro amor
fue desde siempre un niño muerto
y qué verdad dura y sin sombra
qué verdad fácil y qué pena
yo imaginaba que era un niño
y era tan sólo un niño muerto
ahora qué queda
sólo queda
medir la fe y que recordemos
lo que pudimos haber sido
para él
que no pudo ser nuestro
qué más
acaso cuando llegue
un veintitrés de abril y abismo
vos donde estés
llevale flores
que yo también iré contigo

No sé si alguna vez les ha pasado a ustedes
pero el Jardín Botánico es un parque dormido
que sólo se despierta con la lluvia.

Ahora la última nube ha resuelto quedarse
y nos está mojando como a alegres mendigos.

El secreto está en correr con precauciones
a fin de no matar ningún escarabajo
y no pisar los hongos que aprovechan
para nacer desesperadamente.

Sin prevenciones me doy vuelta y siguen
aquellos dos a la izquierda del roble
eternos y escondidos en la lluvia
diciéndose quién sabe qué silencios.

No sé si alguna vez les ha pasado a ustedes
pero cuando la lluvia cae sobre el Botánico
aquí se quedan sólo los fantasmas.
Ustedes pueden irse.
Yo me quedo.

Socorro y nadie

Sólo un pájaro negro
sobre el pretil cascado
una línea de sol
en la reja de herrumbre
azoteas sin rostro
sin miradas
sin nadie
estúpido domingo
voraz
deshabitado

ahora se borra el sol
definitivamente
el pájaro se borra
y es un vuelo sin magia

como última señal
de vida
la camisa
oreándose en la cuerda
agita enloquecidas
blancas mangas
que reclaman socorro
pero abrazan el aire.

Currículum

El cuento es muy sencillo
usted nace
contempla atribulado
el rojo azul del cielo
el pájaro que emigra
el torpe escarabajo
que su zapato aplastará
valiente

usted sufre
reclama por comida
y por costumbre
por obligación
llora limpio de culpas

extenuado
hasta que el sueño lo descalifica

usted ama
se transfigura y ama
por una eternidad tan provisoria
que hasta el orgullo se le vuelve tierno
y el corazón profético
se convierte en escombros

usted aprende
y usa lo aprendido
para volverse lentamente sabio
para saber que al fin el mundo es esto
en su mejor momento una nostalgia
en su peor momento un desamparo
y siempre siempre
un lío

entonces
usted muere.

Almohadas

Hay almohadas de pluma
hay almohadas de siesta
de lana
de vientre
de muerte
pero no todas

están
en el secreto
ni todas saben
evacuar las consultas

la tuya tiene
un pozo
donde ajustas
la nuca
y en las noches
amargas
hundes
ojos y lágrimas

Arco iris

A veces
por supuesto
usted sonríe
y no importa lo linda
o lo fea
lo vieja
o lo joven
lo mucho
o lo poco
que usted realmente
sea

sonríe
cual si fuese

una revelación
y su sonrisa anula
todas las anteriores
caducan al instante
sus rostros como máscaras
sus ojos duros
frágiles
como espejos en óvalo
su boca de morder
su mentón de capricho
sus pómulos fragantes
sus párpados
su miedo

sonríe
y usted nace
asume el mundo
mira
sin mirar
indefensa
desnuda
transparente

y a lo mejor
si la sonrisa viene
de muy
de muy adentro
usted puede llorar
sencillamente
sin desgarrarse
sin desesperarse

sin convocar la muerte
ni sentirse vacía

llorar
sólo llorar

entonces su sonrisa
si todavía existe
se vuelve un arco iris

Todos conspiramos

a Raúl Sendic

Estarás como siempre en alguna frontera
jugándote en tu sueño lindo y desvencijado
recordando los charcos y el confort todo junto
tan desconfiado pero nunca incrédulo
nunca más que inocente nunca menos
esa estéril frontera con aduanas
y pelmas y galones y también esta otra
que separa pretérito y futuro
qué bueno que respires que conspires
dicen que madrugaste demasiado
que en plena siesta cívica gritaste
pero tal vez nuestra verdad sea otra
por ejemplo que todos dormimos hasta tarde
hasta golpe hasta crisis hasta hambre
hasta mugre hasta sed hasta vergüenza
por ejemplo que estás solo o con pocos

que estás contigo mismo y es bastante
porque contigo están los pocos muchos
que siempre fueron pueblo y no lo saben
qué bueno que respires que conspires
en esta noche de podrida calma
bajo esta luna de molicie y asco
quizá en el fondo todos conspiramos
sencillamente das la señal de fervor
la bandera decente con el asta de caña
pero en el fondo todos conspiramos
y no sólo los viejos que no tienen
con qué pintar murales de protesta
conspiran el cesante y el mendigo
y el deudor y los pobres adulones
cuyo incienso no rinde como hace cinco años
la verdad es que todos conspiramos
pero no sólo los que te imaginas
conspiran claro está que sin saberlo
los jerarcas los ciegos poderosos
los dueños de tu tierra y de sus uñas
conspiran qué relajo los peores
a tu favor que es el favor del tiempo
aunque crean que su ira es la única
o que han descubierto su filón y su pólvora
conspiran las pitucas los ministros
los generales bien encuadernados
los venales los flojos los inermes
los crápulas los nenes de mamá
y las mamás que adquieren su morfina
a un abusivo precio inflacionario
todos quiéranlo-o-no van conspirando

incluso el viento que te da en la nuca
y sopla en el sentido de la historia
para que esto se rompa se termine
de romper lo que está resquebrajado
todos conspiran para que al fin logres
y esto es lo bueno que quería decirte
dejar atrás la cándida frontera
y te instales por fin en tus visiones
nunca más que inocente nunca menos
en tu futuro-ahora en ese sueño
desvencijado y lindo como pocos.

Hasta mañana

Voy a cerrar los ojos en voz baja
voy a meterme a tientas en el sueño.
En este instante el odio no trabaja

para la muerte, que es su pobre dueño
la voluntad suspende su latido
y yo me siento lejos, tan pequeño

que a Dios invoco, pero no le pido
nada, con tal de compartir apenas
este universo que hemos conseguido

por las malas y a veces por las buenas.
¿Por qué el mundo soñado no es el mismo
que este mundo de muerte a manos llenas?

Mi pesadilla es siempre el optimismo:
me duermo débil, sueño que soy fuerte,
pero el futuro aguarda. Es un abismo.

No me lo digan cuando me despierte.

Marina

Cuando el barco es dejado por las ratas
a uno le vienen malos pensamientos;
alarmas sin razón, carencias natas,

pereza para aliarse con los vientos
o no prever lo mucho que fatiga
la plenamar con sus aburrimientos.

No obstante puede ser que Dios bendiga
la quiebra del bauprés, las velas rotas,
y antes que en sombras llegue la enemiga

y las gotas se junten con las gotas
antes que el mar se encrespe o se confunda,
decore al fin el mástil con gaviotas

y el barco quede hermoso. Aunque se hunda.

Parpadeo

Esa pared me inhibe lentamente
piedra a piedra me agravia

ya que no tengo tiempo de bajar hasta el mar
y escuchar su siniestra horadante alegría
ya que no tengo tiempo de acumular nostalgias
debajo de aquel pino perforador del cielo
ya que no tengo tiempo de dar la cara al viento
y oxigenar de veras el alma y los pulmones

voy a cerrar los ojos y tapiar los oídos
y verter otro mar sobre mis redes
y enderezar un pino imaginario
y desatar un viento que me arrastre
lejos de las intrigas y las máquinas
lejos de los horarios y los pelmas

pero puertas adentro es un fracaso
este mar que me invento no me moja
no tiene aroma el árbol que levanto
y mi huracán suplente ni siquiera
sirve para barrer mis odios secos

entonces me reintegro a mi contorno
vuelvo a escuchar la tarde y el estruendo
vuelvo a mirar el muro piedra a piedra
y llego a la vislumbre decisiva
habrá que derribarlo para ir
a conquistar el mar el pino el viento

Contra los puentes levadizos

1

Nos han contado a todos
cómo eran los crepúsculos
de hace noventa o novecientos años

cómo al primer disparo los arrepentimientos
echaban a volar como palomas
cómo hubo siempre trenzas que colgaban
un poco sucias pero siempre hermosas
cómo los odios eran antiguos y elegantes
y en su barbaridad venturosa latían
cómo nadie moría de cáncer o de asco
sino de tisis breves o de espinas de rosa

otro tiempo otra vida otra muerte otra tierra
donde los pobres héroes iban siempre a caballo
y no se apeaban ni en la estatua propia

otro acaso otro nunca otro siempre otro modo
de quitarle a la hembra su alcachofa de ropas

otro fuego otro asombro otro esclavo otro dueño
que tenía el derecho y además del derecho
la propensión a usar sus látigos sagrados
abajo estaba el mundo
abajo los de abajo
los borrachos de hambre
los locos de miseria

los ciegos de rencores
los lisiados de espanto

comprenderán ustedes que en esas condiciones
eran imprescindibles los puentes levadizos.

2

No sé si es el momento
de decirlo
en este punto muerto
en este año desgracia

por ejemplo
decírselo a esos mansos
que no pueden
resignarse a la muerte
y se inscriben a ciegas
caracoles de miedo
en la resurrección
qué garantía

por ejemplo
a esos ásperos
no exactamente ebrios
que alguna vez gritaron
y ahora no aceptan
la otra
la imprevista
reconvención del eco

o a los espectadores
casi profesionales
esos viciosos
de la lucidez
esos inconmovibles
que se instalan
en la primera fila
así no pierden
ni un solo efecto
ni el menor indicio
ni un solo espasmo
ni el menor cadáver

o a los sonrientes lúgubres
los exiliados de lo real
los duros
metidos para siempre en su campana
de pura sílice
egoísmo insecto
ésos los sin hermanos
sin latido
los con mirada acero de desprecio
los con fulgor y labios de cuchillo

en este punto muerto
en este año desgracia
no sé si es el momento
de decirlo
con los puentes a medio descender
o a medio levantar
que no es lo mismo.

3

Puedo permanecer en mi baluarte
en esta o en aquella soledad sin derecho
disfrutando mis últimos
racimos de silencio
puedo asomarme al tiempo
a las nubes al río
perderme en el follaje que está lejos

pero me consta y sé
nunca lo olvido
que mi destino fértil voluntario
es convertirme en ojos boca manos
para otras manos bocas y miradas

que baje el puente y que se quede bajo

que entren amor y odio y voz y gritos
que venga la tristeza con sus brazos abiertos
y la ilusión con sus zapatos nuevos
que venga el frío germinal y honesto
y el verano de angustias calcinadas
que vengan los rencores con su niebla
y los adioses con su pan de lágrimas
que venga el muerto y sobre todo el vivo
y el viejo olor de la melancolía

que baje el puente y que se quede bajo

que entren la rabia y su ademán oscuro
que entren el mal y el bien
y lo que media
entre uno y otro
o sea
la verdad ese péndulo
que entre el incendio con o sin la lluvia
y las mujeres con o sin historia
que entre el trabajo y sobre todo el ocio
ese derecho al sueño
ese arco iris

que baje el puente y que se quede bajo

que entren los perros
los hijos de perra
las comadronas los sepultureros
los ángeles si hubiera
y si no hay
que entre la luna con su niño frío

que baje el puente y que se quede bajo

que entre el que sabe lo que no sabemos
y amasa pan
o hace revoluciones
y el que no puede hacerlas
y el que cierra los ojos

en fin
para que nadie se llame a confusiones

que entre mi prójimo ese insoportable
tan fuerte y frágil
ese necesario
ese con dudas sombra rostro sangre
y vida a término
ese bienvenido

que sólo quede afuera
el encargado
de levantar el puente

a esta altura
no ha de ser un secreto
para nadie

yo estoy contra los puentes levadizos.

Arte poética

Que golpee y golpee
hasta que nadie
pueda ya hacerse el sordo
que golpee y golpee
hasta que el poeta
sepa
o por lo menos crea
que es a él
a quien llaman.

Decir que no

Ya lo sabemos
es difícil
decir que no
decir no quiero

ver que el dinero forma un cerco
alrededor de tu esperanza
sentir que otros
los peores
entran a saco por tu sueño

ya lo sabemos
es difícil
decir que no
decir no quiero

no obstante
cómo desalienta
verte bajar de tu esperanza
saberte lejos de ti mismo

oírte
primero despacito
decir que sí
decir sí quiero
comunicarlo luego al mundo
con un orgullo enajenado

y ver que un día
pobre diablo
ya para siempre pordiosero
poquito a poco
abres la mano

y nunca más
puedes
cerrarla.

A ras de sueño

Sólo una temporada provisoria,
tatuaje de incontables tradiciones,
oscuro mausoleo donde empieza
a existir el futuro, a hacerse piedra.

Nada aquí, nada allá. Son las palabras
del mago lejanísimo y borroso.

Sin embargo, la infancia se empecina,
comienza a levantar sus inventarios,
a echar sus amplias redes para luego.
Es una isla limpia y sobre todo
fugaz, es un venero de primicias
que se van lentamente resecando.

Queda atrás como un rápido paisaje
del que persistirán sólo unas nubes,
un biombo, dos juguetes, tres racimos,

o apenas un olor, una ceniza.
Con luces queda atrás, a la intemperie,
yacente y aplazada para nunca,
sola con su aptitud irresistible
y un pudor incorpóreo, agazapado.
Para nunca aplazada, fabulosa
infancia entre sus redes extinguida.

Por algo queda atrás. Esa entrañable
cede paso al fervor, al pasmo, al fruto,
el azar hinca el diente en otra bruma,
somos los moribundos que nacemos
a la carne, a la sangre, al entusiasmo,
nos burlamos del sol, de la penumbra,
manejamos la gloria como un lápiz
y en las vírgenes tapias dibujamos
el amor y su viejo colmo, el odio,
el grito que nos pone la vergüenza
en las manos mucho antes que en la boca.

El celaje se enciende. Somos niebla
bajo el cielo compacto, insolidario,
el asombro hace cuentas y no puede
mantenernos serenos, apacibles,
somos el invasor protagonista
que hace trizas el tiempo, que hace ruido
pueril, que hace palabras, que hace pactos,
somos tan poderosos, tan eternos,
que cerramos el puño y el verano
comienza a sollozar entre los árboles.

Mejor dicho: creemos que solloza.
El verano es un vaho, por lo tanto
no tiene ojos ni párpados ni lágrimas,
en sus tardes de atmósfera más tenue
es calor, es calor, y en las mañanas
de aire pesado, corporal, viscoso,
es calor, es calor. Con eso basta.

De todos modos cambia a las muchachas,
las ilumina las ondula, y luego
las respira y suspira como acordes,
las envuelve en amor, las hace carne,
les pinta brazos con venitas tenues
en colores y luz complementarios,
les abre escotes para que alguien vierta
cualquier mirada, ese poderhabiente.

La vida, qué región esplendorosa.
¿Quién escruta la muerte, quién la tienta?
A la horca con él. ¿Quién piensa en esa
imposible quietud cuando es la hora
para cada uno de morder su fruta,
de usar su espejo, de gritar su grito,
de escupir a los cielos, de ir subiendo
de dos en dos todas las escaleras?

La muerte no se apura, sin embargo,
ni se aplaca. Tampoco se impacienta.
Hay tantas muertes como negaciones.
La muerte que desgarra, la que expulsa,
la que embruja, la que arde, la que agota,

la que enluta el amor, la que excrementa
la que siega, la que usa, la que ablanda,
la muerte de arenal, la de pantano,
la de abismo, la de agua, la de almohada.

Hay tantas muertes como teologías,
pero todas se juntan en la espera.
Esa que acecha es una muerte sola.
Escarnecida, rencorosa, hueca
su insomnio enloquecido se desploma
sobre todos los sueños, su delirio
se parece bastante a la cordura.
Muerte esbelta y rompiente, qué increíble
sirena para el Mar de los Suicidas.

No canta, pero indica, marca, alude.
exhibe sus voraces argumentos,
sus afiches turísticos, explica
por qué es tan milagrosa su inminencia,
por qué es tan atractivo su desastre
por qué tan confortable su vacío.

No canta, pero es como si cantara.
Su demagogia negra usa palomas,
telegramas y rezos y suspiros,
sonatas para piano, arpas de herrumbre,
vitrinas del amor momificado,
relojes de lujuria que amontonan
segundos y segundos y otras prórrogas.

No canta, pero es como si cantara.
Su espanto vendaval silba en la espiga,

su pregunta repica en el silencio,
su loco desparpajo exuda un réquiem
que es prado y es follaje y es almena.

Hay que volverse sordo y mudo y ciego,
sordo de amor, de amor enmudecido,
ciego de amor. Olfato, gusto y tacto
quedan para alejar la muerte y para
hundirse en la mujer, en esa ola
que es tiempo y lengua y brazos y latido,
esa mujer descanso, mujer césped,
que es llanto y rostro y siembra y apetito,
esa mujer cosecha, mujer signo,
que es paz y aliento y cábala y jadeo.

Hay que amar con horror para salvarse,
amanecer cuando los mansos dientes
muerden, para salvarse, o por lo menos
para creerse a salvo, que es bastante.
Hay que amar sentenciado y sin urgencia,
para salvarse, para guarecerse
de esa muerte que llueve hielo o fuego.

Es el cielo común, el alba escándalo,
el goce atroz, el milagroso caos,
la piel abismo, la granada abierta,
la única unidad uniyugada,
la derrota de todas las cautelas.

Hay que amar con valor, para salvarse.
Sin luna, sin nostalgia, sin pretextos.

Hay que despilfarrar en una noche
–que puede ser mil y una– el universo,
sin augurios, sin planes, sin temblores,
sin convenios, sin votos, con olvido,
desnudos cuerpo y alma, disponibles
para ser otro y otra a ras de sueño.

Bendita noche cóncava, delicia
de encontrar un abrazo a la deriva
y entrar en ese enigma, sin astucia,
y volver por el aire al aire libre.
Hay que amar con amor, para salvarse.

Entonces vienen las contradicciones
o sea la razón. El mundo existe
con manchas, sin azar, y no hay conjuro
ni fe que lo desmienta o modifique.

El manantial se seca, el árbol cae,
la sangre fluye, el odio se hace muro.
¿Es mi hermano el verdugo? Ese asesino
y dios padrastro todopoderoso,
ese señor del vómito, ese artífice
de la hecatombe, ¿puede ser mi hermano?
Surtidor de napalm, profeta imbécil,
¿ése, mi prójimo?, ¿ése, el semejante?
Síndico en todo caso de la muerte,
argumento y proclama de la ruina,
poder y brazo ejecutor. Estiércol.

Por esta vez no he de mirar mis pasos
sino el contorno triste, calcinado.
Miro a mi sombra que está envejeciendo,
la sombra de los míos que envejecen.

El mundo existe. Con o sin sus manes,
con o sin su señal. Existe. Punto.

El mundo existe con mis ex iguales,
con mis amigos-enemigos, esos
que ya olvidé por qué se traicionaron.

Tiendo mi mano a veces y está sola
y está más sola cuando no la tiendo,
pienso en los compradores emboscados
y tengo duelo y tengo rabia y tengo
un reproche que empieza en mis lealtades,
en mis confianzas sin mayor motivo,
en mi invención del prójimo-mi-aliado.
Ni aun ahora me resigno a creerlo.

No todos son así, no todos ceden.
Tendré que repetírmelo a escondidas
y barajar de nuevo el almanaque.

Mi corazón acobardado sigue
inventando valor, abriendo créditos,
tirando cabos sólo a la siniestra,
aprendiendo a aprender, pobre aleluya,
y quién sabe, quién sabe si entre tanta
mentira incandescente, no queda algo
de verdad a la sombra. Y no es metáfora.

Nada aquí, nada allá. Son las palabras
del mago lejanísimo y borroso.

Pero ¿por qué creerle a pie juntillas?
¿En qué galaxia está el certificado?

Algo aquí, nada allá. ¿Es tan distinto?
Lo propongo debajo de mis párpados
y en mi boca cerrada.
¿Es tan distinto?
Ya sé, hay razones nítidas, famosas,
hay cien teorías sobre la derrota,
hay argumentos para suicidarse.
Pero ¿y si hay un resquicio?
¿Es tan distinto,
tan necio, tan ridículo, tan torpe,
tener un espacioso sueño propio
donde el hombre se muera pero actúe
como inmortal?

Consternados, rabiosos

Vámonos,
derrotando afrentas

Ernesto «Che» Guevara

Así estamos
consternados
rabiosos
aunque esta muerte sea

uno de los absurdos previsibles
da vergüenza mirar
los cuadros
los sillones
las alfombras
sacar una botella del refrigerador
teclear las tres letras mundiales de tu nombre
en la rígida máquina
que nunca
nunca estuvo
con la cinta tan pálida

vergüenza tener frío
y arrimarse a la estufa como siempre
tener hambre y comer
esa cosa tan simple
abrir el tocadiscos y escuchar en silencio
sobre todo si es un cuarteto de Mozart

da vergüenza el confort
y el asma da vergüenza
cuando tú comandante estás cayendo
ametrallado
fabuloso
nítido

eres nuestra conciencia acribillada
dicen que te quemaron
con qué fuego
van a quemar las buenas
buenas nuevas

la irascible ternura
que trajiste y llevaste
con tu tos
con tu barro

dicen que incineraron
toda tu vocación
menos un dedo

basta para mostraros el camino
para acusar al monstruo y sus tizones
para apretar de nuevo los gatillos

así estamos
consternados
rabiosos
claro que con el tiempo la plomiza
consternación
se nos irá pasando
la rabia quedará
se hará más limpia
estás muerto
estás vivo
estás cayendo
estás nube
estás lluvia
estás estrella

donde estés
si es que estás
si estás llegando

aprovecha por fin
a respirar tranquilo
a llenarte de cielo los pulmones

donde estés
si es que estás
si estás llegando
será una pena que no exista Dios

pero habrá otros
claro que habrá otros
dignos de recibirte
comandante.

Montevideo, octubre de 1967.

La infancia es otra cosa

Es fácil vaticinar que los propagandistas de la infancia
no van a interrumpir su campaña
quieren vendernos la inocencia cual si fuera un
desodorante o un horóscopo
después de todo saben que caeremos como gorriones
en la trampa
piando nostalgias inventando recuerdos perfeccionando
la ansiedad

los geniales demagogos de la infancia
así se llamen Amicis o Proust o Lamorisse
sólo recapitulan turbadores sacrificios móviles campanarios
globos que vuelven a su nube de origen

su paraíso recobrable no es exactamente nuestro
    siempre perdido paraíso
su paraíso tan seguro como dos y dos son cuatro no
    cabe en nuestro mezquino walhalla
ese logaritmo que nunca está en las tablas

los impecables paleontólogos de la infancia
duchos en exhumar rondas triciclos mimos y otros
    fósiles
tienen olfato e intuición suficientes como para
    desenterrar y desplegar mitos cautivantes pavores
    sabrosos felicidad a cuerda

esos decisivos restauradores
con destreza profesional tapan grietas y traumas
y remiendan con zurcido invisible el desgarrón que
    arruinaba nuestro compacto recuerdo de cielo

sin embargo un día de éstos habrá que entrar a saco la
    podrida infancia
no el desván
allí apenas habitan los juguetes rotos los álbumes de
    sellos el ferrocarril rengo o sea la piel reseca de la
    infancia
no las fotografías y su letargo sepia
habrá que entrar a saco la miseria

porque la infancia
además del estanque de azogada piedad
que a cualquier precio adquieren los ávidos turistas del
    regreso

además de la espiga y la arañita
y el piano de Mompou
además del alegre asombro que dicen hubo
además de la amistad con el perro del vecino
del juego con las trenzas que hacen juego
además de todo eso
tan radiante tan modestamente fabuloso
y sin embargo tan cruelmente olvidado
la infancia es otra cosa

por ejemplo la oprobiosa galería de rostros
encendidos de entusiasmo puericultor y algunas veces
de crueldad dulzona
y es (también la infancia tiene su otoño) la caída de las
primeras máscaras
la vertiginosa temporada que va de la inauguración del
pánico a la vergüenza de la masturbación inicial
rudimentaria
la gallina asesinada por los garfios de la misma buena
parienta que nos arropa al comienzo de la noche
la palabra cáncer y la noción de que no hay exorcismo
que valga
la rebelión de la epidermis las estupefacciones
convertidas en lamparones de diversos diseños y
medidas
la noche como la gran cortina que nadie es capaz de
descorrer y que sin embargo oculta la prestigiosa
momia del porvenir

por ejemplo la recurrente pesadilla
de diez cien veintemil encapuchados

cuyo silencio a coro repetirá un longplay treinta años
más tarde con el alevoso fascinante murmullo de
los lamas del Tibet en sus cantos de muerte
pero que por entonces es sólo una interminable fila de
encapuchados balanceándose saliéndose del sueño
golpeando en el empañado vidrio de la cocina
proponiendo el terror y sus múltiples sobornos
anexos

la otra infancia es qué duda cabe el insomnio con los
ardides de su infierno acústico
uno dejándose llevar despojado de sábanas mosquitero
camisón y pellejo
uno sin bronquios y sin tímpanos
dejándose llevar imaginándose llevado hacia un
lejanísimo casi inalcanzable círculo o celda o sima
donde no hay hormigas ni abuela ni quebrados ni
ventana ni sopa y donde el ruido del mundo llega
sólo como un zumbido ni siquiera insistente
es el golpe en la cara para ser más exacto en la nariz
el caliente sabor de la primera sangre tragada
y el arranque de la inquina la navidad del odio que riza
el pelo calienta las orejas aprieta los dientes gira los
puños en un molinete enloquecido mientras los demás
asisten como un cerco de horripiladas esperanzas
timideces palabrotas y los ojos con náuseas

es la chiquilina a obligatoria distancia
la teresa rubia
de ojos alemanes y sonrisa para otros

humilladora de mis lápices de veneración de mis
insignias de ofrenda de mis estampillas de
homenaje
futura pobre gorda sofocada de deudas y de hijos pero
entonces tan lejos y escarpada
y es también el amigo el único el mejor
aplastado en la calle

sí
un día de éstos habrá que entrar a saco la podrida
infancia
habrá que entrar a saco la miseria
sólo después
con el magro botín en las manos crispadamente adultas
sólo después
ya de regreso
podrá uno permitirse el lujo la merced el pretexto el
disfrute
de hacer escala en el desván
y revisar las fotos en su letargo sepia.

Grietas

La verdad es que
grietas
no faltan

así al pasar recuerdo
las que separan a zurdos y diestros
a pequineses y moscovitas

a présbites y miopes
a gendarmes y prostitutas
a optimistas y abstemios
a sacerdotes y aduaneros
a exorcistas y maricones
a baratos e insobornables
a hijos pródigos y detectives
a borges y sábato
a mayúsculas y minúsculas
a pirotécnicos y bomberos
a mujeres y feministas
a aquarianos y taurinos
a profilácticos y revolucionarios
a vírgenes e impotentes
a agnósticos y monaguillos
a inmortales y suicidas
a franceses y no franceses

a corto o a larguísimo plazo
todas son sin embargo
remediables

hay una sola grieta
decididamente profunda
y es la que media entre la maravilla del hombre
y los desmaravilladores

aún es posible saltar de uno a otro borde
pero cuidado
aquí estamos todos
ustedes y nosotros
para ahondarla

señoras y señores
a elegir
a elegir de qué lado
ponen el pie.

Artigas

Se las arregló para ser contemporáneo de quienes
nacieron medio siglo después de su muerte
creó una justicia natural para negros zambos indios y
criollos pobres
tuvo pupila suficiente como para meterse en camisa de
once varas
y cojones como para no echarle la culpa a los otros
así y todo pudo articularnos un destino
inventó el éxodo esa última y seca prerrogativa del
albedrío

tres años antes de que naciera marx
y ciento cincuenta antes de que roñosos diputados la
convirtieran en otro expediente demorado
borroneó una reforma agraria que aún no ha conseguido
el homenaje catastral

lo abandonaron lo jodieron lo etiquetaron
pero no fue por eso que se quedó para siempre en tierra
extraña
por algo nadie quiere hurgar en su silencio de viejo firme
no fue tosco como lavalleja ni despótico como oribe ni
astuto como rivera

fue sencillamente un tipo que caminó delante de su
gente
fue un profeta certero que no hizo públicas sus
profecías pero se amargó profundamente con ellas

acaso imaginó a los futurísimos choznos de quienes
inauguraban el pasito
esos gratuitos herederos que ni siquiera iban a tener la
disculpa del coraje
y claro presintió el advenimiento de estos ministros
alegóricos estos conductores sin conducta estos
proxenetas del recelo estos tapones de la historia
y si decidió quedarse en curuguaty
no fue por terco o por necio o resentido
sino como una forma penitente e insomne de instalarse
en su bien ganado desconsuelo

Semántica

Quieren que me refugie en vos
palabra blanda
silaboba

que crea a pie juntillas que sos muro trinchera caverna
monasterio tantas cosas

la tentación o mejor dicho la orden es que te mire fijo
así me olvido de los que te hacen y deshacen
forjan y licúan

llegaron a decir que eras
qué me cuentan señores qué me cuentan
el gran protagonista

de dónde eh
blanda
silaboba
protagonista quién
robot de qué dictado

lévi-strauss confesó de una vez para siempre que no le
interesaba américa después de 1492
y aunque colón no sabe aún si sentirse orgulloso o
miserable nosotros sí sabemos

che palabra bajate del walhalla
tu único porvenir
es desolimpizarte

de dónde refugio
muro
monasterio

tu única salvación es ser nuestro instrumento
caricia bisturí metáfora fusil ganzúa interrogante
tirabuzón blasfemia candado etcétera

ya verás
qué lindo serrucho haremos contigo.

Quemar las naves

El día o la noche en que por fin lleguemos
habrá que quemar las naves

pero antes habremos metido en ellas
nuestra arrogancia masoquista
nuestros escrúpulos blandengues
nuestros menosprecios por sutiles que sean
nuestra capacidad de ser menospreciados
nuestra falsa modestia y la dulce homilía
de la autoconmiseración

y no sólo eso
también habrá en las naves a quemar
hipopótamos de wall street
pingüinos de la otan
cocodrilos del vaticano
cisnes de buckingham palace
murciélagos de el pardo
y otros materiales inflamables

el día o la noche en que por fin lleguemos
habrá sin duda que quemar las naves
así nadie tendrá riesgo ni tentación de volver

es bueno que se sepa desde ahora
que no habrá posibilidad de remar nocturnamente
hasta la otra orilla que no sea la nuestra
ya que será abolida para siempre
la libertad de preferir lo injusto

y en ese solo aspecto
seremos más sectarios que dios padre

no obstante como nadie podrá negar
que aquel mundo arduamente derrotado
tuvo alguna vez rasgos dignos de mención
por no decir notables
habrá de todos modos un museo de nostalgias

donde se mostrará a las nuevas generaciones
cómo eran
          parís
          el whisky
          claudia cardinale.

Me sirve y no me sirve

La esperanza tan dulce
tan pulida tan triste
la promesa tan leve
no me sirve

no me sirve tan mansa
la esperanza

la rabia tan sumisa
tan débil tan humilde
el furor tan prudente
no me sirve

no me sirve tan sabia
tanta rabia

el grito tan exacto
si el tiempo lo permite
alarido tan pulcro
no me sirve

no me sirve tan bueno
tanto trueno

el coraje tan dócil
la bravura tan chirle
la intrepidez tan lenta
no me sirve

no me sirve tan fría
la osadía

sí me sirve la vida
que es vida hasta morirse
el corazón alerta
sí me sirve

me sirve cuando avanza
la confianza

me sirve tu mirada
que es generosa y firme
y tu silencio franco
sí me sirve

me sirve la medida
de tu vida

me sirve tu futuro
que es un presente libre
y tu lucha de siempre
sí me sirve

me sirve tu batalla
sin medalla

me sirve la modestia
de tu orgullo posible
y tu mano segura
sí me sirve

me sirve tu sendero
compañero.

Vamos juntos

Con tu puedo y con mi quiero
vamos juntos compañero

compañero te desvela
la misma suerte que a mí
prometiste y prometí
encender esta candela

con tu puedo y con mi quiero
vamos juntos compañero

la muerte mata y escucha
la vida viene después
la unidad que sirve es
la que nos une en la lucha

con tu puedo y con mi quiero
vamos juntos compañero

la historia tañe sonora
su lección como campana
para gozar el mañana
hay que pelear el ahora

con tu puedo y con mi quiero
vamos juntos compañero

ya no somos inocentes
ni en la mala ni en la buena
cada cual en su faena
porque en esto no hay suplentes

con tu puedo y con mi quiero
vamos juntos compañero

algunos cantan victoria
porque el pueblo paga vidas
pero esas muertes queridas
van escribiendo la historia

con tu puedo y con mi quiero
vamos juntos compañero.

Ser y estar

Oh marine
oh boy
una de tus dificultades consiste en que no sabes
distinguir el ser del estar
para ti todo es to be

así que probemos a aclarar las cosas

por ejemplo
una mujer *es* buena
cuando entona desafinadamente los salmos
y cada dos años cambia el refrigerador
y envía mensualmente su perro al analista
y sólo enfrenta el sexo los sábados de noche

en cambio una mujer *está* buena
cuando la miras y pones los perplejos ojos en blanco
y la imaginas y la imaginas y la imaginas
y hasta crees que tomando un martini te vendrá el
coraje
pero ni así

por ejemplo
un hombre *es* listo
cuando obtiene millones por teléfono
y evade la conciencia y los impuestos

y abre una buena póliza de seguros
a cobrar cuando llegue a sus setenta
y sea el momento de viajar en excursión a capri y a parís
y consiga violar a la gioconda en pleno louvre con la
vertiginosa polaroid

en cambio
un hombre *está* listo
cuando ustedes
oh marine
oh boy
aparecen en el horizonte
para inyectarle democracia.

El verbo

En el principio era el verbo
y el verbo no era dios
eran las palabras
frágiles transparentes y putas
cada una venía con su estuche
con su legado de desidia
era posible mirarlas al trasluz
o volverlas cabeza abajo
interrogarlas en calma o en francés
ellas respondían con guiños cómplices y corruptos
qué suerte unos pocos estábamos en la pomada
éramos el resumen la quintaesencia el zumo
ellas las contraseñas nos valseaban el orgasmo
abanicaban nuestra modesta vanidad

mientras el pueblo ese desconocido
con calvaria tristeza decía no entendernos
no saber de qué hablábamos ni de qué callábamos
hasta nuestros silencios le resultaban complicados
porque también integraban la partitura excelsa
ellas las palabras se ubicaban y reubicaban
eran nuestra vanguardia y cuando alguna caía
acribillada por la moda o el sentido común
las otras se juntaban solidarias y espléndidas
cada derrota las ponía radiantes
porque como sostienen los latinoamericanos del boul
    mich
la gran literatura sólo se produce en la infelicidad
y solidarias y espléndidas parían
adjetivos y gerundios
preposiciones y delirios
con los cuales decorar el retortijón existencial
y convertirlo en oda o nouvelle o manifiesto
las revoluciones frustradas tienen eso de bueno
provocan angustias de un gran nivel artístico
en tanto las triunfantes apenas si alcanzan
logros tan prosaicos como la justicia social

en el después será el verbo
y el verbo tampoco será dios
tan sólo el grito de varios millones de gargantas
capaces de reír y llorar como hombres nuevos y mujeres
    nuevas

y las palabras putas y frágiles
se volverán sólidas y artesanas

y acaso ganen su derecho a ser sembradas
a ser regadas por los hechos y las lluvias
a abrirse en árboles y frutos
a ser por fin alimento y trofeo
de un pueblo ya maduro por la revolución y la inocencia.

Casi un réquiem

Mientras mi padre se asfixia en la pieza 101
mientras mi padre se asfixia como un pobre pájaro
definitivamente vencido
y usa su último hilo de voz para un quejido humilde
que parte el alma
fuera de este recinto suceden cosas
el presidente nixon sale indemne de un examen médico
de rutina
el presidente el mismo que también parte el alma pero
con napalm
jóvenes camboyanos de educación pentagonal decapitan
cadáveres norvietnamitas y se fotografían sonrientes
con una cabeza en cada mano
el venerable heath vende sus armas a los arcángeles de
sudáfrica
y aquí en montevideo eficaces torturadores compran
tiernos regalos para dejar en esta noche de reyes a
sus bien alimentados pichones
todo esto mientras mi padre que fue un hombre decente
y generoso se asfixia y muere en la pieza 101.

5 de enero de 1971.

Muerte de Soledad Barrett

Viviste aquí por meses o por años
trazaste aquí una recta de melancolía
que atravesó las vidas y las calles

hace diez años tu adolescencia fue noticia
te tajearon los muslos porque no quisiste
gritar viva hitler ni abajo fidel

eran otros tiempos y otros escuadrones
pero aquellos tatuajes llenaron de asombro
a cierto uruguay que vivía en la luna

y claro entonces no podías saber
que de algún modo eras
la prehistoria de ibero

ahora acribillaron en recife
tus veintisiete años
de amor templado y pena clandestina

quizá nunca se sepa cómo ni por qué

los cables dicen que te resististe
y no habrá más remedio que creerlo
porque lo cierto es que te resistías
con sólo colocárteles enfrente
sólo mirarlos
sólo sonreír
sólo cantar cielitos cara al cielo

con tu imagen segura
con tu pinta muchacha
pudiste ser modelo
actriz
miss paraguay
carátula
almanaque
quién sabe cuántas cosas

pero el abuelo rafael el viejo anarco
te tironeaba fuertemente la sangre
y vos sentías callada esos tirones

soledad no viviste en soledad
por eso tu vida no se borra
simplemente se colma de señales

soledad no moriste en soledad
por eso tu muerte no se llora
simplemente la izamos en el aire

desde ahora la nostalgia será
un viento fiel que hará flamear tu muerte
para que así aparezcan ejemplares y nítidas
las franjas de tu vida

ignoro si estarías
de minifalda o quizá de vaqueros
cuando la ráfaga de pernambuco
acabó con tus sueños completos

por lo menos no habrá sido fácil
cerrar tus grandes ojos claros
tus ojos donde la mejor violencia
se permitía razonables treguas
para volverse increíble bondad

y aunque por fin los hayan clausurado
es probable que aún sigas mirando
soledad compatriota de tres o cuatro pueblos
el limpio futuro por el que vivías
y por el que nunca te negaste a morir.

Gallos sueños

Tenemos una paciencia verde y sólida como un caimán
una paciencia a prueba de balas y promesas

sabemos aguantar con los delirios en acecho
hacer almácigos con nuestros odios mejores

tenemos una esperanza blanca y prójima
como una paloma que ya no es mensajera

tenemos una esperanza a prueba
de terremotos y congojas

sabemos esperar rodeados por la muerte
sabemos desvelarnos por la vida

tenemos una alegría temprana como un gallo
una alegría convicta maniatada y rabiosa

sabemos cómo desatarla y sabemos
que al alba cantarán los gallísimos sueños.

Oda a la pacificación

No sé hasta dónde irán los pacificadores con su ruido
metálico de paz
pero hay ciertos corredores de seguros que ya colocan
pólizas contra la pacificación
y hay quienes reclaman la pena del garrote para los que
no quieren ser pacificados
cuando los pacificadores apuntan por supuesto tiran a
pacificar
y a veces hasta pacifican dos pájaros de un tiro
es claro que siempre hay algún necio que se niega a ser
pacificado por la espalda
o algún estúpido que resiste la pacificación a fuego lento
en realidad somos un país tan peculiar
que quien pacifique a los pacificadores un buen
pacificador será.

Hombre que mira el cielo

Mientras pasa la estrella fugaz
acopio en este deseo instantáneo
montones de deseos hondos y prioritarios

por ejemplo que el dolor no me apague la rabia
que la alegría no desarme mi amor
que los asesinos del pueblo se traguen
sus molares caninos e incisivos
y se muerdan juiciosamente el hígado
que los barrotes de las celdas
se vuelvan de azúcar o se curven de piedad
y mis hermanos puedan hacer de nuevo
el amor y la revolución
que cuando enfrentemos el implacable espejo
no maldigamos ni nos maldigamos
que los justos avancen
aunque estén imperfectos y heridos
que avancen porfiados como castores
solidarios como abejas
aguerridos como jaguares
y empuñen todos sus noes
para instalar la gran afirmación
que la muerte pierda su asquerosa puntualidad
que cuando el corazón se salga del pecho
pueda encontrar el camino de regreso
que la muerte pierda su asquerosa
y brutal puntualidad
pero si llega puntual no nos agarre
muertos de vergüenza
que el aire vuelva a ser respirable y de todos
y que vos muchachita sigas alegre y dolorida
poniendo en tus ojos el alma
y tu mano en mi mano
y nada más

porque el cielo ya está de nuevo torvo
y sin estrellas
con helicóptero y sin dios.

Hombre que mira sin sus anteojos

En este instante el mundo es apenas
un vitral confuso
los colores se invaden unos a otros
y las fronteras entre cosa y cosa
entre tierra y cielo
entre árbol y pájaro
están deshilachadas e indecisas
el futuro es así un caleidoscopio de dudas
y al menor movimiento el lindo pronóstico
se vuelve mal agüero
los verdugos se agrandan hasta parecer
invencibles y sólidos
y para mí que no soy lázaro
la derrota oprime como un sudario
las buenas mujeres de esta vida
se yuxtaponen se solapan se entremezclan
la que apostó su corazón a quererme
con una fidelidad abrumadora
la que me marcó a fuego
en la cavernamparo de su sexo
la que fue cómplice de mi silencio
y comprendía como los ángeles
la que imprevistamente me dio una mano
en la sombra y después la otra mano

la que me rindió con un solo argumento de sus ojos
pero se replegó sincera en la amistad
la que descubrió en mí lo mejor de mí mismo
y linda y tierna y buena amó mi amor

los paisajes y las esquinas
los horizontes y las catedrales
que fui coleccionando
a través de los años y los engaños
se confunden en una guía de turismo presuntuoso
de fábula a narrar a los amigos
y en ese delirio de vanidades y nostalgias
es difícil saber qué es monasterio y qué blasfemia
qué es van gogh y qué arenques ahumados
qué es mosaico y qué agua sucia veneciana
qué es aconcagua y qué es callampa

también los prójimos se arraciman
crápulas y benditos
santos e indiferentes y traidores
e inscriben en mi infancia personal
tantas frustraciones y rencores
que no puedo distinguir claramente
la luna del río
ni la paja del grano

pero llega el momento en que uno recupera
al fin sus anteojos
y de inmediato el mundo adquiere
una tolerable nitidez

el futuro luce entonces arduo
    pero también radiante

los verdugos se empequeñecen hasta
    recuperar su condición de cucarachas

de todas las mujeres una de ellas
    da un paso al frente
    y se desprende de las otras
    que sin embargo no se esfuman
de las ciudades viajadas surgen
    con fervor y claridad
    cuatro o cinco rostros decisivos
    que casi nunca son grandilocuentes

cierta niña jugando con su perro
    en una calle desierta de ginebra
un sabio negro de alabama que explicaba
    por qué su piel era absolutamente blanca
ella fitzgerald cantando
    ante una platea casi vacía
    en un teatro malamuerte de florencia

y el guajiro de oriente
    que dijo tener un portocarrero
    y era una lata de galletitas
    diseñada por el pintor

del racimo de prójimos puedo extraer
    sin dificultades
una larga noche paterna una postrera charla

síntesis de vida
con la muerte rondando en el pasillo
el veterano que trasmitía
sin egoísmo y sin fruición
algunas de sus claves de sensible
el compañero que pensó largamente en la celda
y sufrió largamente en el cepo
y no delató a nadie
el hombre político que en un acto
de incalculable valor
dijo a un millón de pueblo la culpa es mía
y el pueblo empezó a susurrar fidel fidel
y el susurro se convirtió en ola clamorosa
que lo abrazó y lo sigue abrazando todavía
la gente la pura gente
la cojonuda gente a la orientala
que en la avenida gritó tiranos temblad
hasta que llegó al mismísimo
temblor del tirano
y la muchacha y el muchacho desconocidos
que se desprendieron un poco de sí mismos
para tender sus manos y decirme
adelante y valor

decididamente
no voy a perder más mis anteojos

por un imperdonable desenfoque
puede uno cometer gravísimos errores.

Hombre que mira la luna

Es decir la miraba   porque ella
se ocultó tras el biombo de nubes
y todo porque muchos amantes de este mundo
le dieron sutilmente el olivo

con su brillo reticente la luna
durante siglos consiguió transformar
el vientre amor en garufa cursilínea
la injusticia terrestre en dolor lapizlázuli

cuando los amantes ricos la miraban
desde sus tedios y sus pabellones
satelizaba de lo lindo y oía
que la luna era un fenómeno cultural

pero si los amantes pobres la contemplaban
desde su ansiedad o desde sus hambrunas
entonces la menguante entornaba los ojos
porque tanta miseria no era para ella

hasta que una noche casualmente de luna
con murciélagos suaves   con fantasmas y todo
esos amantes pobres se miraron a dúo
dijeron   no va más   al carajo selene

se fueron a su cama de sábanas gastadas
con acre olor a sexo deslunado
su camanido de crujiente vaivén

y libres para siempre de la luna lunática
fornicaron al fin como dios manda
o mejor dicho como dios sugiere.

Hombre preso que mira a su hijo

al «viejo» hache

Cuando era como vos me enseñaron los viejos
y también las maestras bondadosas y miopes
que libertad o muerte era una redundancia
a quién se le ocurría en un país
donde los presidentes andaban sin capangas

que la patria o la tumba era otro pleonasmo
ya que la patria funcionaba bien
en las canchas y en los pastoreos

realmente botija no sabían un corno
pobrecitos creían que libertad
era tan sólo una palabra aguda
que muerte era tan sólo grave o llana
y cárceles por suerte una palabra esdrújula

olvidaban poner el acento en el hombre

la culpa no era exactamente de ellos
sino de otros más duros y siniestros

y éstos sí
cómo nos ensartaron
en la limpia república verbal
cómo idealizaron
la vidurria de vacas y estancieros

y cómo nos vendieron un ejército
que tomaba su mate en los cuarteles

uno no siempre hace lo que quiere
uno no siempre puede
por eso estoy aquí
mirándote y echándote
de menos

por eso es que no puedo despeinarte el jopo
ni ayudarte con la tabla del nueve
ni acribillarte a pelotazos

vos ya sabés que tuve que elegir otros juegos
y que los jugué en serio

y jugué por ejemplo a los ladrones
y los ladrones eran policías

y jugué por ejemplo a la escondida
y si te descubrían te mataban
y jugué a la mancha
y era de sangre

botija aunque tengas pocos años
creo que hay que decirte la verdad
para que no la olvides

por eso no te oculto que me dieron picana
que casi me revientan los riñones

todas estas llagas hinchazones y heridas
que tus ojos redondos
miran hipnotizados
son durísimos golpes
son botas en la cara
demasiado dolor para que te lo oculte
demasiado suplicio para que se me borre

pero también es bueno que conozcas
que tu viejo calló
o puteó como un loco
que es una linda forma de callar

que tu viejo olvidó todos los números
(por eso no podría ayudarte en las tablas)
y por lo tanto todos los teléfonos

y las calles y el color de los ojos
y los cabellos y las cicatrices
y en qué esquina
en qué bar
qué parada
qué casa

y acordarse de vos
de tu carita
lo ayudaba a callar
una cosa es morirse de dolor
y otra cosa morirse de vergüenza

por eso ahora
me podés preguntar
y sobre todo
puedo yo responder
uno no siempre hace lo que quiere
pero tiene el derecho de no hacer
lo que no quiere

llorá nomás botija
                                    son macanas
que los hombres no lloran
aquí lloramos todos
gritamos berreamos moqueamos chillamos maldecimos
porque es mejor llorar que traicionar
porque es mejor llorar que traicionarse

llorá
          pero no olvides.

Hombre que mira su país desde el exilio

a Fleur

País verde y herido
comarquita de veras
patria pobre

país ronco y vacío
tumba muchacha
sangre sobre sangre

país lejos y cerca
ocasión del verdugo
los mejores al cepo

país violín en bolsa
o silencio hospital
o pobre artigas

país estremecido
puño y letra
calabozo y praderas

país ya te armarás
pedazo por pedazo
pueblo mi pueblo

país que no te tengo
vida y muerte
cómo te necesito

país verde y herido
  comarquita de veras
    patria pobre.

Táctica y estrategia

Mi táctica es
            mirarte
aprender cómo sos
quererte como sos

mi táctica es
            hablarte
y escucharte
construir con palabras
un puente indestructible

mi táctica es
quedarme en tu recuerdo
no sé cómo   ni sé
con qué pretexto
pero quedarme en vos

mi táctica es
            ser franco
y saber que sos franca
y que no nos vendamos
simulacros
para que entre los dos
no haya telón
              ni abismos

mi estrategia es
en cambio
más profunda y más
                                        simple

mi estrategia es
que un día cualquiera
no sé cómo   ni sé
con qué pretexto
por fin   me necesites.

Todo verdor

Todo verdor perecerá
dijo la voz de la escritura
como siempre
                        implacable

pero también es cierto
que cualquier verdor nuevo
no podría existir
si no hubiera cumplido su ciclo
el verdor perecido

de ahí que nuestro verdor
esa conjunción un poco extraña
de tu primavera
                        y de mi otoño
seguramente repercute en otros

enseña a otros
ayuda a que otros
rescaten su verdor

por eso
aunque las escrituras
no lo digan
todo verdor
renacerá.

Viceversa

Tengo miedo de verte
necesidad de verte
esperanza de verte
desazones de verte

tengo ganas de hallarte
preocupación de hallarte
certidumbre de hallarte
pobres dudas de hallarte

tengo urgencia de oírte
alegría de oírte
buena suerte de oírte
y temores de oírte

o sea
resumiendo

estoy jodido
y radiante
quizá más lo primero
que lo segundo
y también
viceversa.

Bienvenida

Se me ocurre que vas a llegar distinta
no exactamente más linda
ni más fuerte
ni más dócil
ni más cauta
tan sólo que vas a llegar distinta
como si esta temporada de no verme
te hubiera sorprendido a vos también
quizá porque sabés
cómo te pienso y te enumero

después de todo la nostalgia existe
aunque no lloremos en los andenes fantasmales
ni sobre las almohadas de candor
ni bajo el cielo opaco

yo nostalgio
tú nostalgias
y cómo me revienta que él nostalgie

tu rostro es la vanguardia
tal vez llega primero
porque lo pinto en las paredes
con trazos invisibles y seguros

no olvides que tu rostro
me mira como pueblo
sonríe y rabia y canta
como pueblo
y eso te da una lumbre
                                        inapagable

ahora no tengo dudas
vas a llegar distinta y con señales
con nuevas
                con hondura
                                        con franqueza

sé que voy a quererte   sin preguntas
sé que vas a quererme   sin respuestas.

Los formales y el frío

Quién iba a prever que el amor   ese informal
se dedicara   a ellos tan formales

mientras almorzaban por primera vez
ella muy lenta y él no tanto
y hablaban con sospechosa objetividad
de grandes temas en dos volúmenes

su sonrisa   la de ella
era como un augurio o una fábula
su mirada   la de él   tomaba nota
de cómo eran sus ojos   los de ella
pero sus palabras   las de él
no se enteraban de esa dulce encuesta

como siempre   o como casi siempre
la política condujo a la cultura
así que por la noche concurrieron al teatro
sin tocarse una uña o un ojal
ni siquiera una hebilla o una manga
y como a la salida hacía bastante frío
y ella no tenía medias
sólo sandalias por las que asomaban
unos dedos muy blancos e indefensos
fue preciso meterse en un boliche

y ya que el mozo demoraba tanto
ellos optaron por la confidencia
extra seca y sin hielo por favor
cuando llegaron a su casa   la de ella
ya el frío estaba en sus labios   los de él
de modo que ella   fábula y augurio
le dio refugio y café instantáneos
una hora apenas de biografía y nostalgias
hasta que al fin sobrevino un silencio
como se sabe en estos casos es bravo
decir algo que realmente no sobre

él probó   sólo falta que me quede a dormir
y ella probó   por qué no te quedás
y él   no me lo digas dos veces
y ella   bueno por qué no te quedás

de manera que él se quedó   en principio
a besar sin usura sus pies fríos   los de ella
después ella besó sus labios   los de él
que a esa altura ya no estaban tan fríos
y sucesivamente así
                    mientras los grandes temas
dormían el sueño que ellos no durmieron.

La otra copa del brindis

Al principio ella fue una serena conflagración
un rostro que no fingía ni siquiera su belleza
unas manos que de a poco inventaban un lenguaje
una piel memorable y convicta
una mirada limpia   sin traiciones
una voz que caldeaba la risa
unos labios nupciales
un brindis

es increíble pero a pesar de todo
él tuvo tiempo para decirse
qué sencillo   y también
no importa que el futuro
      sea una oscura maleza

la manera tan poco suntuaria
que escogieron sus mutuas tentaciones
fue un estupor alegre
sin culpa ni disculpa

él se sintió optimista
nutrido
renovado
tan lejos del sollozo y la nostalgia
tan cómodo en su sangre y en la de ella
tan vivo sobre el vértice de musgo
tan hallado en la espera
que después del amor salió a la noche
sin luna y no importaba
sin gente y no importaba
sin dios y no importaba
a desmontar la anécdota
a componer la euforia
a recoger su parte del botín

mas su mitad de amor
se negó a ser mitad
y de pronto él sintió
que sin ella sus brazos estaban tan vacíos
que sin ella sus ojos no tenían qué mirar
que sin ella su cuerpo de ningún modo era
la otra copa del brindis

y de nuevo se dijo
qué sencillo
pero ahora
lamentó que el futuro fuera oscura maleza

sólo entonces pensó en ella
eligiéndola
y sin dolor sin desesperaciones
sin angustia y sin miedo
dócilmente empezó
como otras noches
a necesitarla.

Soledades

Ellos tienen razón
esa felicidad
al menos con mayúscula
no existe
ah pero si existiera con minúscula
sería semejante a nuestra breve
presoledad

después de la alegría viene la soledad
después de la plenitud viene la soledad
después del amor viene la soledad

ya sé que es una pobre deformación
pero lo cierto es que en ese durable minuto
uno se siente
solo en el mundo
sin asideros
sin pretextos
sin abrazos
sin rencores
sin las cosas que unen o separan

y en esa sola manera de estar solo
ni siquiera uno se apiada de uno mismo

los datos objetivos son como sigue

hay diez centímetros de silencio
        entre tus manos y mis manos
una frontera de palabras no dichas
        entre tus labios y mis labios
y algo que brilla así de triste
        entre tus ojos y mis ojos

claro que la soledad no viene sola

si se mira por sobre el hombro mustio
de nuestras soledades
se verá un largo y compacto imposible
un sencillo respeto por terceros o cuartos
ese percance de ser buenagente

después de la alegría
después de la plenitud
después del amor
                viene la soledad

conforme
        pero
qué vendrá después
de la soledad

a veces no me siento
tan solo
si imagino
mejor dicho si sé
que más allá de mi soledad
y de la tuya
otra vez estás vos
aunque sea preguntándome a solas
qué vendrá después
de la soledad.

Perro convaleciente

Estaba a duras penas comprendiendo
y me encontré en la calle como perdido
los gritos y bocinas se colaban
insolentes en mi áspera congoja

palpé las cicatrices que dejó tu mirada
ignoraba si era azul o castaño o verdosa
pero la sabía fatalmente buena
de algún modo notaba que aún estaba vivo
que no había sucumbido a una endémica angustia
así que empezaron de nuevo a funcionar
mis articulaciones y mis candores

fue sólo entonces que olfateé el mundo
como un perro convaleciente
y sentí que a ese aire concurrían
rostros y móviles y sombras y manos

que aquí y allá empezaban a sonar
rebeldes como vientos armándose
y también que muchísimas piernas se apoyaban
sobre las muertes y los sacrificios
y empezaban a andar y caminábamos

y aunque estaba en la calle como perdido
perro convaleciente que lame sus heridas
de pronto supe que tu ausencia y yo
estábamos rodeados por un abrazo prójimo
y sin pensarlo dos veces me fui
con tu ausencia y con ellos
a faenar desconsuelos
a bregar otra vez por el hombre.

Fundación del recuerdo

No es exactamente como fundar una ciudad
sino más bien como fundar una dinastía

el recuerdo tiene manos nubes estribillos
calles y labios   árboles y pasos
no se planifica con paz ni compás
sino con una sarta de esperanzas y delirios

un recuerdo bien fundado
un recuerdo con cimientos de solo
    que con todo su asombro busca el amor
    y lo encuentra de a ratos o de a lustros
puede durar un rumbo   o por lo menos
volver algunas noches a cavar su dulzura

en realidad no es como fundar una dinastía
sino más bien como fundar un estilo

un recuerdo puede tener mejillas
        y canciones y bálsamos
ser una fantasía que de pronto
        se vuelve vientre o pueblo
quizá una lluvia verde
        tras la ventana compartida
o una plaza de sol
        con puños en el aire

un recuerdo sólidamente fundado
fatalmente se acaba si no se lo renueva
es decir es tan frágil que dura para siempre
porque al cumplirse el plazo lo rescatan
los viejos reflectores del insomnio

bueno tampoco es como fundar un estilo
sino más bien como fundar una doctrina

un recuerdo amorosamente fundado
nos limpia los pulmones   nos aviva la sangre
nos sacude el otoño   nos renueva la piel
y a veces convoca lo mejor que tenemos
el trocito de hazaña que nos toca cumplir

y es claro un recuerdo puede ser un escándalo
que a veces nos recorre como un sol de franqueza
como un alud de savia   como un poco de magia
como una palma de todos los días
que de repente se transforma en única

pensándolo mejor
quizá no sea como fundar una doctrina
sino más bien como fundar un sueño.

Hagamos un trato

Cuando sientas tu herida sangrar
cuando sientas tu voz sollozar
cuenta conmigo.
(de una canción de Carlos Puebla)

Compañera
usted sabe
que puede contar
conmigo
no hasta dos
o hasta diez
sino contar
conmigo

si alguna vez
advierte
que la miro a los ojos
y una veta de amor
reconoce en los míos
no alerte sus fusiles
ni piense qué delirio
a pesar de la veta
o tal vez porque existe

usted puede contar
conmigo

si otras veces
me encuentra
huraño sin motivo
no piense qué flojera
igual puede contar
conmigo

pero hagamos un trato
yo quisiera contar
con usted
                    es tan lindo
saber que usted existe
uno se siente vivo
y cuando digo esto
quiero decir contar
aunque sea hasta dos
aunque sea hasta cinco
no ya para que acuda
presurosa en mi auxilio
sino para saber
a ciencia cierta
que usted sabe que puede
contar conmigo.

No te salves

No te quedes inmóvil
al borde del camino
no congeles el júbilo
no quieras con desgana
no te salves ahora
ni nunca
                no te salves
no te llenes de calma
no reserves del mundo
sólo un rincón tranquilo
no dejes caer los párpados
pesados como juicios
no te quedes sin labios
no te duermas sin sueño
no te pienses sin sangre
no te juzgues sin tiempo

pero si
            pese a todo
no puedes evitarlo
y congelas el júbilo
y quieres con desgana
y te salvas ahora
y te llenas de calma
y reservas del mundo
sólo un rincón tranquilo
y dejas caer los párpados
pesados como juicios
y te secas sin labios

y te duermes sin sueño
y te piensas sin sangre
y te juzgas sin tiempo
y te quedas inmóvil
al borde del camino
y te salvas
                    entonces
no te quedes conmigo.

Te quiero

Tus manos son mi caricia
mis acordes cotidianos
te quiero porque tus manos
trabajan por la justicia

si te quiero es porque sos
mi amor mi cómplice y todo
y en la calle codo a codo
somos mucho más que dos

tus ojos son mi conjuro
contra la mala jornada
te quiero por tu mirada
que mira y siembra futuro

tu boca que es tuya y mía
tu boca no se equivoca
te quiero porque tu boca
sabe gritar rebeldía

si te quiero es porque sos
mi amor mi cómplice y todo
y en la calle codo a codo
somos mucho más que dos

y por tu rostro sincero
y tu paso vagabundo
y tu llanto por el mundo
porque sos pueblo te quiero

y porque amor no es aureola
ni cándida moraleja
y porque somos pareja
que sabe que no está sola

te quiero en mi paraíso
es decir que en mi país
la gente viva feliz
aunque no tenga permiso

si te quiero es porque sos
mi amor mi cómplice y todo
y en la calle codo a codo
somos mucho más que dos.

Todavía

No lo creo todavía
estás llegando a mi lado
y la noche es un puñado
de estrellas y de alegría

palpo gusto escucho y veo
tu rostro tu paso largo
tus manos y sin embargo
todavía no lo creo

tu regreso tiene tanto
que ver contigo y conmigo
que por cábala lo digo
y por las dudas lo canto

nadie nunca te reemplaza
y las cosas más triviales
se vuelven fundamentales
porque estás llegando a casa

sin embargo todavía
dudo de esta buena suerte
porque el cielo de tenerte
me parece fantasía

pero venís y es seguro
y venís con tu mirada
y por eso tu llegada
hace mágico el futuro

y aunque no siempre he entendido
mis culpas y mis fracasos
en cambio sé que en tus brazos
el mundo tiene sentido

y si beso la osadía
y el misterio de tus labios
no habrá dudas ni resabios
te querré más
todavía.

Ustedes y nosotros

Ustedes cuando aman
exigen bienestar
una cama de cedro
y un colchón especial

nosotros cuando amamos
es fácil de arreglar
con sábanas qué bueno
sin sábanas da igual

ustedes cuando aman
calculan interés
y cuando se desaman
calculan otra vez

nosotros cuando amamos
es como renacer

y si nos desamamos
no la pasamos bien

ustedes cuando aman
son de otra magnitud
hay fotos chismes prensa
y el amor es un boom

nosotros cuando amamos
es un amor común
tan simple y tan sabroso
como tener salud

ustedes cuando aman
consultan el reloj
porque el tiempo que pierden
vale medio millón

nosotros cuando amamos
sin prisa y con fervor
gozamos y nos sale
barata la función

ustedes cuando aman
al analista van
él es quien dictamina
si lo hacen bien o mal

nosotros cuando amamos
sin tanta cortedad
el subconsciente piola
se pone a disfrutar

ustedes cuando aman
exigen bienestar
una cama de cedro
y un colchón especial

nosotros cuando amamos
es fácil de arreglar
con sábanas qué bueno
sin sábanas da igual.

Vas y venís

a luz

De carrasco a aeroparque y viceversa
vas y venís con libros y bufandas
y encargos y propósitos y besos

tenés gusto a paisito en las mejillas
y una fe contagiosa en el augurio

vas y venís como un péndulo cuerdo
como un comisionista de esperanzas
o como una azafata voluntaria
tan habituada estás a los arribos
y a las partidas un poquito menos

quién iba a imaginar cuando empezábamos
la buena historia hace veintiocho años
que en un apartamento camarote

donde no llega el sol pero vos sí
íbamos a canjear noticia por noticia
sin impaciencia ya   como quien suma

y cuando te dormís y yo sigo leyendo
entre cuatro paredes algo ocurre

estás aquí dormida y sin embargo
me siento acompañado como nunca.

Ángelus porteño

a raúl y tona

Me he quedado junto al árbol
veterano y cordial en su sabiduría

un pibe alegre y andrajoso
corre y recorre el sendero sin nadie

en la gramilla blanda y celestina
dos adolescentes aprenden a besarse
y ya casi lo saben

abajo pasan autos
rojos   verdes   azules

en la tarde hay un pozo de silencios
y uno espera que hable el campanario

de pronto entre los grandes edificios
la bomba estalla como una desmentida

claro el pibe en andrajos se detiene
con un pie sorprendido en el aire

la pareja se desbesa de a poco
un auto verde frena como quejándose

al árbol
no se le mueve ni una hoja.

Salutación del optimista

A instancias de mis amigos cuerdos y cautelosos
que ya no saben si diagnosticarme
prematuro candor o simple chifladura
abro el expediente de mi optimismo
y uno por uno repaso los datos

allá en el paisito quedó mi casa
con mi gente mis libros y mi aire
desde sus ventanas grandes conmovedoras
se ven otras ventanas y otras gentes
se oye cómo pasa aullando la muerte
son los mismos aullidos verdes y azules son
los que acribillaron a mis hermanos

los cementerios están lejos pero
los hemos acercado con graves excursiones

detrás de primaveras y ataúdes
y de sueños quebrados
y de miradas fijas

los calabozos están lejos pero
los hemos acercado a nuestro invierno

sobre un lecho de odios duermen sin pesadillas
muchachos y muchachas que arribaron juntos
a la tortura y a la madurez
pero hay que aclarar que otras otros los sueñan
noche a noche en las casas oscuras y a la espera

la gente
la vulgar y la silvestre
no los filatélicos de hectáreas y vaquitas
va al exilio a cavar despacio su nostalgia
y en las calles vacías y furiosas
queda apenas uno que otro mendigo
para ver cómo pasa el presidente

en la cola del hambre nadie habla
de fútbol ni de ovnis
hay que ahorrar argumentos y saliva
y las criaturas que iban a nacer
regresan con espanto al confort de la nada

ésta es la absurda foja de mi duro optimismo
prematuro candor o simple chifladura
lo cierto es que debajo de estas calamidades
descubro una sencilla descomunal ausencia

cuando los diez tarados mesiánicos de turno
tratan de congregar la obediente asamblea
el pueblo no hace quórum

por eso
porque falta sin aviso
a la convocatoria de los viejos blasfemos
porque toma partido por la historia
y no tiene vergüenza de sus odios
por eso aprendo y dicto mi lección de optimismo
y ocupo mi lugar en la esperanza.

La casa y el ladrillo

Me parezco al que llevaba el ladrillo consigo
para mostrar al mundo cómo era su casa.

Bertolt Brecht

Cuando me confiscaron la palabra
y me quitaron hasta el horizonte
cuando salí silbando despacito
y hasta hice bromas con el funcionario
de emigración o desintegración
y hubo el adiós de siempre con la mano
a la familia firme en la baranda
a los amigos que sobrevivían
y un motor el derecho tosió fuerte
y movió la azafata sus pestañas
como diciendo a vos yo te conozco

yo tenía estudiada una teoría
del exilio mis pozos del exilio
pero el cursillo no sirvió de nada

cómo saber que las ciudades reservaban
una cuota de su amor más austero
para los que llegábamos
con el odio pisándonos la huella
cómo saber que nos harían sitio
entre sus escaseces más henchidas
y sin averiguarnos los fervores
ni mucho menos el grupo sanguíneo
abrirían de par en par sus gozos
y también sus catástrofes
para que nos sintiéramos
igualito que en casa

cómo saber que yo mismo iba a hallar
sábanas limpias desayunos abrazos
en pueyrredón y french
en canning y las heras
y en lince
y en barranco
y en arequipa al tres mil seiscientos
y en el vedado
y dondequiera

siempre hay calles que olvidan sus balazos
sus silencios de pizarra lunar
y eligen festejarnos recibirnos llorarnos
con sus tiernas ventanas que lo comprenden todo

e inesperados pájaros entre flores y hollines
también plazas con pinos discretísimos
que preguntan señor cómo quedaron
sus acacias sus álamos
y los ojos se nos llenan de láminas
en rigor nuestros árboles están sufriendo como
por otra parte sufren los caballos la gente
los gorriones los paraguas las nubes
en un país que ya no tiene simulacros

es increíble pero no estoy solo
a menudo me trenzo con manos o con voces
o encuentro una muchacha para ir lluvia adentro
y alfabetizarme en su áspera hermosura
quién no sabe a esta altura que el dolor
es también un ilustre apellido

con éste o con aquélla nos miramos de lejos
y nos reconocemos por el rictus paterno
o la herida materna en el espejo
el llanto o la risa como nombres de guerra
ya que el llanto o la risa legales y cabales
son apenas blasones coberturas

estamos desarmados como sueño en andrajos
pero los anfitriones nos rearman de apuro
nos quieren como aliados y no como reliquias
aunque a veces nos pidan la derrota en hilachas
para no repetirla

inermes como sueños así vamos
pero los anfitriones nos formulan preguntas
que incluyen su semilla de respuesta
y ponen sus palomas mensajeras y lemas
a nuestra tímida disposición
y claro sudamos los mismos pánicos
temblamos las mismas preocupaciones

a medida que entramos en el miedo
vamos perdiendo nuestra extranjería
el enemigo es una niebla espesa
es el común denominador o
denominador plenipotenciario
es bueno reanudar el enemigo
de lo contrario puede acontecer
que uno se ablande al verlo tan odioso
o el enemigo es siempre el mismo cráter
todavía no hay volcanes apagados

cuando nos escondemos a regar
la maceta con tréboles venéreos
aceitamos bisagras filosóficas
le ponemos candado a los ex domicilios
y juntamos las viudas militancias
y desobedecemos a los meteorólogos
soñamos con axilas y grupas y caricias
despertamos oliendo a naftalina
todos los campanarios nos conmueven
aunque tan sólo duren en la tarde plomiza
y estemos abollados de trabajo

el recuerdo del mar cuando no hay mar
nos desventura la insolencia y la sangre
y cuando hay mar de un verde despiadado
la ola rompe en múltiples agüeros

uno de los problemas de esta vida accesoria
es que en cada noticia emigramos
siempre los pies alados livianísimos
del que espera la señal de largada
y claro a medida que la señal no llega
nos aplacamos y nos convertimos
en hermes apiñados y reumáticos

y bien esa maciza ingravidez
alza sus espirales de humo en el lenguaje
hablamos de botijas o gurises
y nos traducen pibe fiñe guagua
suena *ta* o *taluego*
y es como si cantáramos desvergonzadamente
do jamás se pone el sol se pone el sol

y nos aceptan siempre
nos inventan a veces
nos lustran la morriña majadera
con la nostalgia que hubieran tenido
o que tuvieron o que van a tener
pero además nos muestran ayeres y anteayeres
la película entera a fin de que aprendamos
que la tragedia es ave migratoria
que los pueblos irán a contramuerte
y el destino se labra con las uñas

habrá que agradecerlo de por vida
acaso más que el pan y la cama y el techo
y los poros alertas del amor
habrá que recordar con un exvoto
esa pedagogía solidaria y tangible

por lo pronto se sienten orgullosos
de entender que no vamos a quedarnos
porque claro hay un cielo
que nos gusta tener sobre la crisma
así uno va fundando las patrias interinas
segundas patrias siempre fueron buenas
cuando no nos padecen y no nos compadecen
simplemente nos hacen un lugar junto al fuego
y nos ayudan a mirar las llamas
porque saben que en ellas vemos nombres y bocas

es dulce y prodigiosa esta patria interina
con manos tibias que reciben dando
se aprende todo menos las ausencias
hay certidumbres y caminos rotos
besos rendidos y provisionales
brumas con barcos que parecen barcos
y lunas que reciben nuestra noche
con tangos marineras sones rumbas
y lo importante es que nos acompañan
con su futuro a cuestas y sus huesos

esta patria interina es dulce y honda
tiene la gracia de rememorarnos
de alcanzarnos noticias y dolores

como si recogiera cachorros de añoranza
y los diera a la suerte de los niños

de a poco percibimos los signos del paisaje
y nos vamos midiendo primero con sus nubes
y luego con sus rabias y sus glorias
primero con sus nubes
que unas veces son fibras filamentos
y otras veces tan redondas y plenas
como tetas de madre treinteañera
y luego con sus rabias y sus glorias
que nunca son ambiguas

acostumbrándonos a sus costumbres
llegamos a sentir sus ráfagas de historia
y aunque siempre habrá un nudo inaccesible
un útero de glorias que es propiedad privada
igual nuestra confianza izará sus pendones
y creeremos que un día que también que ojalá

aquí no me segrego
tampoco me segregan
hago de centinela de sus sueños
podemos ir a escote en el error
o nutrirnos de otras melancolías

algunos provenimos del durazno y la uva
otros vienen del mango y el mamey
y sin embargo vamos a encontrarnos
en la indócil naranja universal

el enemigo nos vigila acérrimo
él y sus corruptólogos husmean
nos aprenden milímetro a milímetro
estudian las estelas que deja el corazón

pero no pueden descifrar el rumbo
se les ve la soberbia desde lejos
sus llamas vuelven a lamer el cielo
chamuscando los talones de dios

su averno monopólico ha acabado
con el infierno artesanal de leviatán

es fuerte el enemigo y sin embargo
mientras la bomba eleva sus hipótesis
y todo se asimila al holocausto
una chiva tranquila una chiva de veras
prosigue masticando en el islote

ella solita derrotó al imperio
todos tendríamos que haber volado
a abrazar a esa hermana
ella sí demostró lo indemostrable
y fue excepción y regla todo junto
y gracias a esa chiva de los pueblos
ay nos quedamos sin apocalipsis

cuando sentimos el escalofrío
y los malos olores de la ruina
siempre es bueno saber que en algún meridiano
hay una chiva a lo mejor un puma

un ñandú una jutía una lombriz
un espermatozoide un feto una criatura
un hombre o dos un pueblo
una isla un archipiélago
un continente un mundo
tan firmes y tan dignos de seguir masticando
y destruir al destructor y acaso
desapocalipsarnos para siempre

es germinal y aguda esta patria interina
y nuestro desconsuelo integra su paisaje
pero también lo integra nuestro bálsamo

por supuesto sabemos desenrollar la risa
y madrugar y andar descalzos por la arena
narrar blancos prodigios a los niños
inventar minuciosos borradores de amor
y pasarlos en limpio en la alta noche
juntar pedazos de canciones viejas
decir cuentos de loros y gallegos
y de alemanes y de cocodrilos
y jugar al pingpong y a los actores
bailar el pericón y la milonga
traducir un bolero al alemán
y dos tangos a un vesre casi quechua
claro no somos una pompa fúnebre
usamos el derecho a la alegría

pero cómo ocultarnos los derrumbes
el canto se nos queda en estupor
hasta el amor es de pronto una culpa

nadie se ríe de los basiliscos
he visto a mis hermanos en mis patrias suplentes
postergar su alegría cuando muere la nuestra
y ése sí es un tributo inolvidable

por eso cuando vuelva
y algún día será
a mi tierra mis gentes y mi cielo
ojalá que el ladrillo que a puro riesgo traje
para mostrar al mundo cómo era mi casa
dure como mis duras devociones
a mis patrias suplentes compañeras
viva como un pedazo de mi vida
quede como ladrillo en otra casa.

junio 1976.

Otra noción de patria

Vamos a ver, hombre:
cuéntame lo que me pasa,
que yo, aunque grite,
estoy siempre a tus órdenes.

César Vallejo

Hoy amanecí con los puños cerrados
pero no lo tomen al pie de la letra
es apenas un signo de pervivencia

declaración de guerra o de nostalgia
a lo sumo contraseña o imprecación
al cielo sordomudo y nubladísimo

sucede que ya es el tercer año
que voy de gente en pueblo
de aeropuerto en frontera
de solidaridad en solidaridad
de cerca en lejos
de apartado en casilla
de hotelito en pensión
de apartamentito casi camarote
a otro con teléfono y water-comedor

además
de tanto mirar hacia el país
se me fue desprendiendo la retina
ahora ya la prendieron de nuevo
así que miro otra vez hacia el país

llena pletórica de vacíos
mártir de su destino provisorio
patria arrollada en su congoja
puesta provisoriamente a morir
guardada por sabuesos no menos provisorios

pero los hombres de mala voluntad
no serán provisoriamente condenados
para ellos no habrá paz en la tierrita
ni de ellos será el reino de los cielos
ya que como es público y notorio
no son pobres de espíritu

los hombres de mala voluntad
no sueñan con muchachas y justicia
sino con locomotoras y elefantes
que acaban desprendiéndose de un guinche ecuánime
que casualmente pende sobre sus testas
no sueñan como nosotros con primaveras y
  alfabetizaciones
sino con robustas estatuas al gendarme desconocido
que a veces se quiebran como mazapán

los hombres de mala voluntad
no todos sino los verdaderamente temerarios
cuando van al analista y se confiesan
somatizan el odio y acaban vomitando

a propósito
son ellos que gobiernan
gobiernan con garrotes expedientes cenizas
con genuflexiones concertadas
y genuflexiones espontáneas
minidevaluaciones que en realidad son mezzo
mezzodevaluaciones que en realidad son macro

gobiernan con maldiciones y sin malabarismos
con malogros y malos pasos
con maltusianismo y malevaje
con malhumor y malversaciones
con maltrato y malvones
ya que aman las flores como si fueran prójimos
pero no viceversa

los hombres de pésima voluntad
todo lo postergan y pretergan
tal vez por eso no hacen casi nada
y ese poco no sirve

si por ellos fuera le pondrían
un durísimo freno a la historia
tienen pánico de que ésta se desboque
y les galope por encima pobres
tienen otras inquinas verbigracia
no les gustan los jóvenes ni el himno
los jóvenes bah no es una sorpresa
el himno porque dice tiranos temblad
y eso les repercute en el duodeno
pero sobre todo les desagrada
porque cuando lo oyen
obedecen y tiemblan
sus enemigos son cuantiosos y tercos
marxistas economistas niños sacerdotes
pueblos y más pueblos
qué lata es imposible acabar con los pueblos
y casi cien catervas internacionales
que tienen insolentes exigencias
como pan nuestro y amnistía
no se sabe por qué
los obreros y estudiantes no los aman

sus amigos entrañables tienen
algunas veces mala entraña
digamos pinochet y el apartheid
dime con quién andas y te diré go home

también existen leves contradicciones
algo así como una dialéctica de oprobio
por ejemplo un presidio se llama libertad
de modo que si dicen con orgullo
aquí el ciudadano vive en libertad
significa que tiene diez años de condena

es claro en apariencia nos hemos ampliado
ya que invadimos los cuatro cardinales
en venezuela hay como treinta mil
incluidos cuarenta futbolistas
en sidney oceanía
hay una librería de autores orientales
que para sorpresa de los australianos
no son confucio ni lin yu tang
sino onetti vilariño arregui espínola
en barcelona un café petit montevideo
y otro localcito llamado el quilombo
nombre que dice algo a los rioplatenses
pero muy poca cosa a los catalanes
en buenos aires setecientos mil o sea no caben más
y así en méxico nueva york porto alegre la habana
panamá quito argel estocolmo parís
lisboa maracaibo lima amsterdam madrid
roma xalapa pau caracas san francisco montreal
bogotá londres mérida goteburgo moscú
de todas partes llegan sobres de la nostalgia
narrando cómo hay que empezar desde cero
navegar por idiomas que apenas son afluentes
construirse algún sitio en cualquier sitio
a veces   lindas veces   con manos solidarias

y otras   amargas veces   recibiendo en la nuca
la mirada xenófoba

de todas partes llegan serenidades
de todas partes llegan desesperaciones
oscuros silencios de voz quebrada
uno de cada mil se resigna a ser otro

y sin embargo somos privilegiados

con esta rabia melancólica
este arraigo tan nómada
este coraje hervido en la tristeza
este desorden este no saber
esta ausencia a pedazos
estos huesos que reclaman su lecho
con todo este derrumbe misterioso
con todo este fichero de dolor
somos privilegiados

después de todo amamos discutimos leemos
aprendemos sueco catalán portugués
vemos documentales sobre el triunfo
en vietnam la libertad de angola
fidel a quien la historia siempre absuelve
y en una esquina de carne y hueso
miramos cómo transcurre el mundo
escuchamos coros salvacionistas y afónicos
contemplamos viajeros y laureles
aviones que escriben en el cielo
y tienen mala letra

soportamos un ciclón de trópico
o un diciembre de nieve

podemos ver la noche sin barrotes
poseer un talismán   o en su defecto un perro
bostezar escupir lagrimear
soñar suspirar confundir
quedar hambrientos o saciados
trabajar permitir maldecir
jugar descubrir acariciar
sin que el ojo cancerbero vigile

pero
        y los otros
qué pensarán los otros
si es que tienen ánimo y espacio
para pensar en algo

qué pensarán los que se encaminan
a la máquina buitre   a la tortura hiena
qué quedará a los que jadean de impotencia
qué a los que salieron semimuertos
e ignoran cuándo volverán al cepo
qué rendija de orgullo
qué gramo de vida
ciegos en su capucha
mudos de soledad
inermes en la espera

ni el recurso les queda de amanecer puteando
no sólo oyen las paredes

también escuchan los colchones si hay
las baldosas si hay
el inodoro si hay
y los barrotes que ésos siempre hay

cómo recuperarlos del suplicio y el tedio
cómo salvarlos de la muerte sucedánea
cómo rescatarlos del rencor que carcome

el exilio también tiene barrotes

sabemos dónde está cada ventana
cada plaza cada madre cada loma
dónde está el mejor ángulo de cielo
cómo se mueven las dunas y gaviotas
dónde está la escuelita con el hijo
del laburante que murió sellado
dónde quedaron enterrados los sueños
de los muertos y también de los vivos
dónde quedó el resto del naufragio
y dónde están los sobrevivientes

sabemos dónde rompen las olas más agudas
y dónde y cuándo empalaga la luna
y también cuándo sirve como única linterna

sabemos todo eso y sin embargo
el exilio también tiene barrotes

allí donde el pueblo a durísimas penas
sobrevive entre la espada tan fría que da asco

y la pared que dice libertad o muer
porque el adolescente ya no pudo

allí pervierte el aire una culpa innombrable
tarde horrenda de esquinas sin muchachos
bajo un sol que se desploma como buscando

el presidente ganadero y católico
es ganadero hasta en sus pupilas bueyunas
y preconciliar pero de trento
el presidente es partidario del rigor
y la exigencia en interrogatorios
hay que aclarar que cultiva el pleonasmo
ya que el rigor siempre es exigente
y la exigencia siempre es rigurosa
tal vez quiso decir algo más simple
por ejemplo que alienta la tortura

seguro el presidente no opinaría lo mismo
si una noche pasara de ganadero a perdidoso
y algún otro partidario kyrie eleison
del rigor y la exigencia kyrie eleison
le metiera las bueyunas en un balde de mierda
pleonasmo sobre el que hay jurisprudencia

parece que las calles ahora no tienen baches
y después del ángelus ni baches ni transeúntes
los jardines públicos están preciosos
las estatuas sin caca de palomas

después de todo no es tan novedoso
los gobiernos musculosos se jactan
de sus virtudes municipales

es cierto que esos méritos no salvan un país
tal vez haya algún coronel que lo sepa

al pobre que quedó a solas con su hambre
no le importa que esté cortado el césped
los padres que pagaron con un hijo al contado
ignoran esos hoyos que tapó el intendente

a juana le amputaron el marido
no le atañe la poda de los plátanos

los trozos de familia no valoran
la sólida unidad de las estatuas

de modo que no vale la gloria ni la pena
que gasten tanto erario en ese brillo

aclaro que no siempre
amanezco con los puños cerrados

hay mañanas en que me desperezo
y cuando el pecho se me ensancha
y abro la boca como pez en el aire
siento que aspiro una tristeza húmeda
una tristeza que me invade entero
y que me deja absorto suspendido
y mientras ella lentamente se mezcla

con mi sangre y hasta con mi suerte
pasa por viejas y nuevas cicatrices
algo así como costuras mal cosidas
que tengo en la memoria en el estómago
en el cerebro en las coronarias
en un recodo del entusiasmo
en el fervor convaleciente
en las pistas que perdí para siempre
en las huellas que no reconozco
en el rumbo que oscila como un péndulo

y esa tristeza madrugadora y gris
pasa por los rostros de mis iguales
unos lejanos perdidos en la escarcha
otros no sé dónde   deshechos o rehechos

el viejo que aguantó y volvió a aguantar
la flaca con la boca destruida
el gordo al que castraron
y los otros los otros y los otros
otros innumerables y fraternos
mi tristeza los toca con abrupto respeto
y las otras las otras y las otras
otras esplendorosas y valientes
mi tristeza las besa una por una

no sé qué les debemos
pero eso que no sé
sé que es muchísimo

esto es una derrota
hay que decirlo
vamos a no mentirnos nunca más
a no inventar triunfos de cartón
si quiero rescatarme
si quiero iluminar esta tristeza
si quiero no doblarme de rencor
ni pudrirme de resentimiento
tengo que excavar hondo
hasta mis huesos
tengo que excavar hondo en el pasado
y hallar por fin la verdad maltrecha
con mis manos que ya no son las mismas

pero no sólo eso
tendré que excavar hondo en el futuro
y buscar otra vez la verdad
con mis manos que tendrán otras manos
que tampoco serán ya las mismas
pues tendrán otras manos

habrá que rescatar el vellocino
que tal vez era sólo de lana
rescatar la verdad más sencilla
y una vez que la hayamos aprendido
y sea tan nuestra como
las articulaciones o los tímpanos
entonces basta basta basta
de autoflagelaciones y de culpas
todos tenemos nuestra rastra
claro

pero la autocrítica
no es una noria
no voy a anquilosarme en el reproche
y no voy a infamar a mis hermanos

el baldón y la ira los reservo
para los hombres de mala voluntad
para los que nos matan nos expulsan
nos cubren de amenazas nos humillan
nos cortan la familia en pedacitos
nos quitan el país verde y herido
nos quieren condenar al desamor
nos queman el futuro
nos hacen escuchar cómo crepita

el baldón y la ira
que esto quede bien claro
yo los reservo para el enemigo

con mis hermanos porfiaré
es natural
sobre planes y voces
trochas atajos y veredas
pasos atrás y pasos adelante
silencios oportunos omisiones que no
coyunturas mejores o peores
pero tendré a la vista que son eso
hermanos

si esta vez no aprendemos
será que merecemos la derrota
y sé que merecemos la victoria

el paisito está allá
y es una certidumbre
a lo mejor ahora está lloviendo
allá sobre la tierra

y aquí
bajo este transparente sol de libres
aquella lluvia cala hasta mis bronquios
me empapa la vislumbre
me refresca los signos
lava mi soledad

la victoria es tan sólo
un tallito que asoma
pero esta lluvia patria
le va a hacer mucho bien

creo que la victoria estará como yo
ahí nomás germinando
digamos aprendiendo a germinar

la buena tierra artigas revive con la lluvia
habrá uvas y duraznos y vino
barro para amasar
muchachas con el rostro hacia las nubes
para que el chaparrón borre por fin las lágrimas

ojalá que perdure
hace bien este riego
a vos a mí al futuro
a la patria sin más

hace bien si llovemos mi pueblo torrencial
donde estemos
                allá
                    o en cualquier parte

sobre todo si somos la lluvia y el solar
la lluvia y las pupilas y los muros
la bóveda la lluvia y el ranchito
el río y los tejados y la lluvia
furia paciente
               lluvia
                     iracundo silencio
allá y en todas partes

ah tierra lluvia pobre
modesto pueblo torrencial

con tan buen aguacero
la férrea dictadura
acabará oxidándose

y la victoria crecerá despacio
como siempre han crecido las victorias.

Zelmar

o es que existe un territorio
donde las sangres se mezclan

(de una canción de Daniel Viglietti)

Ya van días y noches que pienso pobre flaco
y no puedo ni quiero apartar el recuerdo

no el subido al cajón a la tribuna
con su palabra de espiral velocísima
que blindaba los pregones del pueblo
o encendía el futuro con unas pocas brasas
ni el cruzado sin tregua que quería
salvar la sangre prójima aferrándose
a la justicia esa pobre lisiada

no es el rostro allá arriba el que concurre
más bien el compañero del exilio
el cálido el sencillo aquel buen parroquiano
del boliche de la calle maipú
fiel al churrasco y al budín de pan
rodeado de hijos hijas yernos nietos
ese flamante abuelo con cara de muchacho
hablando del paisito con la pasión ecuánime
sin olvidar heridas
y tampoco quedándose en el barro
siempre haciendo proyectos y eran viables
ya que su vocación de abrecaminos
lo llevaba a fundar optimismos atajos
cuando alguno se daba por maltrecho

y a pesar de la turbia mescolanza
que hay en el techo gris de la derrota
nadie consiguió que tildara de enemigos
a quienes bien o mal
radiantes o borrosos
faros o farolitos
eran pueblo
como él

y también comparece el vigilado
por esos tiras mansos con quienes conversaba
de cine libros y otras zancadillas
en el hotel o escala o nostalgiario
de la calle corrientes

sé que una vez el dueño que era amigo
lo reconvino porque había una cola
de cincuenta orientales nada menos
que venían con dudas abandonos
harapos desempleos frustraciones conatos
pavores esperanzas cábalas utopías

y él escuchaba a todos
él ayudaba comprendía a todos
lo hacía cuerdamente y si algo prometía
lo iba a cumplir después con el mismo rigor
que si fuera un contrato ante escribano
no se puede agregar decía despacito
más angustia a la angustia
no hay derecho

y trabajaba siempre
noche y día
quizás para olvidar que la muerte miraba
de un solo manotazo espantaba sus miedos
como si fueran moscas o rumores
y pese a las calumnias las alarmas
su confianza era casi indestructible
llevaba la alegría siempre ilesa
de la gente que cumple con la gente

sólo una imagen lo vencía
y era la hija inerme
la hija en la tortura
durante quince insomnios la engañaron diciéndole
que lo habían borrado en argentina
era un viejo proyecto por lo visto
entonces sí pedía ayuda para
no caer en la desesperación
para no maldecir más de la cuenta

ya van días y noches que pienso pobre flaco
un modo de decir pobres nosotros
que nos hemos quedado
sin su fraternidad sobre la tierra

no se me borran la sonrisa el gesto
de la última vez que lo vi junto a chicho
y no le dije adiós sino cuidate
pero los dos sabíamos que no se iba a cuidar

por lo común cuando cae un verdugo
un doctor en crueldad un mitrione cualquiera
los canallas zalameros recuerdan
que deja dos tres cuatro
verduguitos en cierne

ahora qué problema este hombre legal
este hombre cabal acribillado
este muerto inmorible con las manos atadas
deja diez hijos tras de sí
diez huellas

pienso en cecilia en chicho
en isabel margarita felipe
y los otros que siempre lo rodeaban
porque también a ellos inspiraba confianza
y qué lindos gurises   ojalá
vayan poquito a poco entendiendo su duelo
resembrando a zelmar en sus diez surcos

puede que la tristeza me haga decir ahora
sin el aval de las computadoras
que era el mejor de nosotros
y era
pero nada me hará olvidar que fue
quien haciendo y rehaciendo
se purificó más en el exilio

mañana apretaremos con los dientes
este gajo de asombro
este agrio absurdo gajo

y tragaremos
seguirá la vida
pero hoy este horror es demasiado

que no profane el odio
a este bueno yacente este justo
que el odio quede fuera del recinto
donde están los que quiso y que lo quieren

sólo por esta noche
por esta pena apenas
para que nada tizne
esta vela de almas

pocos podrán como él
caer tan generosos
tan atrozmente ingenuos
tan limpiamente osados

mejor juntemos nuestras osadías
la generosidad más generosa
y además instalemos con urgencia
fieles radares en la ingenuidad

convoquemos aquí a nuestros zelmares
esos que él mismo nos dejó en custodia
él que ayudó a cada uno en su combate
en su más sola soledad

y hasta nos escuchó los pobres sueños
él
que siempre salía
de alguna pesadilla

y si tendía una mano era una mano
y si daba consuelo era consuelo
y nunca un simulacro

convoquemos aquí a nuestros zelmares
en ellos no hay ceniza
ni muerte ni derrota ni tierno descalabro
nuestros zelmares siguen tan campantes
señeros renacidos
únicos y plurales
fieles y hospitalarios
convoquemos aquí a nuestros zelmares
y si aun así fraternos
así reunidos en un duro abrazo
en una limpia desesperación
cada uno de esos módicos zelmares
echa de menos a zelmar
                                        será
que el horror sigue siendo demasiado
y ya que nuestro muerto
como diría roque en plena vida
es un indócil
ya que es un difunto peliagudo
que no muere en nosotros
pero muere
que cada uno llore como pueda

a lo mejor entonces
nuestro zelmar
                        ese de cada uno
ese que él mismo nos dejó en custodia

a cada uno tenderá una mano
y como en tantas otras
malas suertes y noches
nos sacará del pozo
desamortajará nuestra alegría
y empezará a blindarnos los pregones
a encender el futuro con unas pocas brasas.

mayo 1976.

Bodas de perlas

a luz

C'est quand même beau de rajeunir.

Rony Lescouflair

Después de todo qué complicado es el amor breve
y en cambio qué sencillo el largo amor
digamos que éste no precisa barricadas
contra el tiempo ni contra el destiempo
ni se enreda en fervores a plazo fijo

el amor breve aun en aquellos tramos
en que ignora su proverbial urgencia
siempre guarda o esconde o disimula
semiadioses que anuncian la invasión del olvido
en cambio el largo amor no tiene cismas

ni soluciones de continuidad
más bien continuidad de soluciones

esto viene ligado a una historia la nuestra
quiero decir de mi mujer y mía
historia que hizo escala en treinta marzos
que a esta altura son como treinta puentes
como treinta provincias de la misma memoria
porque cada época de un largo amor
cada capítulo de una consecuente pareja
es una región con sus propios árboles y ecos
sus propios descampados sus tibias contraseñas

he aquí que mi mujer y yo somos lo que se llama
una pareja corriente y por tanto despareja
treinta años incluidos los ocho bisiestos
de vida en común y en extraordinario

alguien me informa que son bodas de perlas
y acaso lo sean ya que perla es secreto
y es brillo llanto fiesta hondura
y otras alegorías que aquí vienen de perlas

cuando la conocí
tenía apenas doce años y negras trenzas
y un perro atorrante
que a todos nos servía de felpudo
yo tenía catorce y ni siquiera perro

calculé mentalmente futuro y arrecifes
y supe que me estaba destinada

mejor dicho que yo era el destinado
todavía no sé cuál es la diferencia
así y todo tardé seis años en decírselo
y ella un minuto y medio en aceptarlo

pasé una temporada en buenos aires
y le escribía poemas o pancartas de amor
que ella ni siquiera comentaba en contra
y yo sin advertir la grave situación
cada vez escribía más poemas más pancartas
realmente fue una época difícil

menos mal que decidí regresar
como un novio pródigo cualquiera
el hermano tenía bicicleta
claro me la prestó y en rapto de coraje
salí en bajada por la calle almería
ah lamentablemente el regreso era en repecho

ella me estaba esperando muy atenta
cansado como un perro aunque enhiesto y altivo
bajé de aquel siniestro rodado y de pronto
me desmayé en sus brazos providenciales
y aunque no se ha repuesto aún de la sorpresa
juro que no lo hice con premeditación

por entonces su madre nos vigilaba
desde las más increíbles atalayas
yo me sentía cancerbado y miserable
delincuente casi delicuescente

claro eran otros tiempos y montevideo
era una linda ciudad provinciana
sin capital a la que referirse
y con ese trauma no hay terapia posible
eso deja huellas en las plazoletas

era tan provinciana que el presidente
andaba sin capangas y hasta sin ministros
uno podía encontrarlo en un café
o comprándose corbatas en una tienda
la prensa extranjera destacaba ese rasgo
comparándonos con suiza y costa rica

siempre estábamos llenos de exilados
así se escribía en tiempos suaves
ahora en cambio somos exiliados
pero la diferencia no reside en la i

eran bolivianos paraguayos cariocas
y sobre todo eran porteños
a nosotros nos daba mucha pena
verlos en la calle nostalgiosos y pobres
vendiéndonos recuerdos y empanadas

es claro son antiguas coyunturas
sin embargo señalo a lectores muy jóvenes
que graham bell ya había inventado el teléfono
de ahí que yo me instalara puntualmente a las seis

en la cervecería de la calle yatay
y desde allí hacía mi llamada de novio
que me llevaba como media hora

a tal punto era insólito mi lungo metraje
que ciertos parroquianos rompebolas
me gritaban cachándome al unísono
dale anclao en parís

como ven el amor era dura faena
y en algunas vergüenzas
casi industria insalubre

para colmo comí abundantísima lechuga
que nadie había desinfectado con carrel
en resumidas cuentas contraje el tifus
no exactamente el exantemático
pero igual de alarmante y podrido
me daban agua de apio y jugo de sandía
yo por las dudas me dejé la barba
e impresionaba mucho a las visitas

una tarde ella vino hasta mi casa
y tuvo un proceder no tradicional
casi diría prohibido y antihigiénico
que a mí me pareció conmovedor
besó mis labios tíficos y cuarteados
conquistándome entonces para siempre
ya que hasta ese momento no creía
que ella fuese tan tierna inconsciente y osada

de modo que no bien logré recuperar
los catorce kilos perdidos en la fiebre
me afeité la barba que no era de apóstol
sino de bichicome o de ciruja

me dediqué a ahorrar y junté dos mil mangos
cuando el dólar estaba me parece a uno ochenta

además decidimos nuestras vocaciones
quiero decir vocaciones rentables
ella se hizo aduanera y yo taquígrafo

íbamos a casarnos por la iglesia
y no tanto por dios padre y mayúsculo
como por el minúsculo jesús entre ladrones
con quien siempre me sentí solidario
pero el cura además de católico apostólico
era también romano y algo tronco
de ahí que exigiera no sé qué boleta
de bautismo o tal vez de nacimiento

si de algo estoy seguro es que he nacido
por lo tanto nos mudamos a otra iglesia
donde un simpático pastor luterano
que no jodía con los documentos
sucintamente nos casó y nosotros
dijimos sí como dándonos ánimo
y en la foto salimos espantosos

nuestra luna y su miel se llevaron a cabo
con una praxis semejante a la de hoy
ya que la humanidad ha innovado poco
en este punto realmente cardinal

fue allá por marzo del cuarenta y seis
meses después que daddy truman

conmovido generoso sensible expeditivo
convirtiera a hiroshima en ciudad cadáver
en inmóvil guiñapo en no ciudad

muy poco antes o muy poco después
en brasil adolphe berk embajador de usa
apoyaba qué raro el golpe contra vargas
en honduras las inversiones yanquis
ascendían a trescientos millones de dólares
paraguay y uruguay en intrépido ay
declaraban la guerra a alemania
sin provocar por cierto grandes conmociones

en chile allende era elegido senador
y en haití los estudiantes iban a la huelga
en martinica aimé cesaire el poeta
pasaba a ser alcalde en fort de france
en santo domingo el PCD
se transformaba en PSP
y en méxico el PRM
se transformaba en PRI
en bolivia no hubo cambios de siglas
pero faltaban tres meses solamente
para que lo colgaran a villarroel
argentina empezaba a generalizar
y casi de inmediato a coronelizar

nosotros dos nos fuimos a colonia suiza
ajenos al destino que se incubaba
ella con un chaleco verde que siempre me gustó
y yo con tres camisas blancas

en fin después hubo que trabajar
y trabajamos treinta años
al principio éramos jóvenes pero no lo sabíamos
cuando nos dimos cuenta ya no éramos jóvenes
si ahora todo parece tan remoto será
porque allí una familia era algo importante
y hoy es de una importancia reventada

cuando quisimos acordar el paisito
que había vivido una paz no ganada
empezó lentamente a trepidar
pero antes anduvimos muy campantes
por otras paces y trepidaciones
combinábamos las idas y las vueltas
la rutina nacional con la morriña allá lejos
viajamos tanto y con tantos rumbos
que nos cruzábamos con nosotros mismos
unos eran viajes de imaginación qué baratos
y otros qué lata con pasaporte y vacuna

miro nuestras fotos de venecia de innsbruck
y también de malvín
del balneario solís o el philosophenweg
estábamos estamos estaremos juntos
pero cómo ha cambiado el alrededor
no me refiero al fondo con mugrientos canales
ni al de dunas limpias y solitarias
ni al hotel chajá ni al balcón de goethe
ni al contorno de muros y enredaderas
sino a los ojos crueles que nos miran ahora

algo ocurrió en nuestra partícula de mundo
que hizo de algunos hombres maquinarias de horror
estábamos estamos estaremos juntos
pero qué rodeados de ausencias y mutaciones
qué malheridos de sangre hermana
qué enceguecidos por la hoguera maldita

ahora nuestro amor tiene como el de todos
inevitables zonas de tristeza y presagios
paréntesis de miedo incorregibles lejanías
culpas que quisiéramos inventar de una vez
para liquidarlas definitivamente

la conocida sombra de nuestros cuerpos
ya no acaba en nosotros
sigue por cualquier suelo cualquier orilla
hasta alcanzar lo real escandaloso
y lamer con lealtad los restos de silencio
que también integran nuestro largo amor

hasta las menudencias cotidianas
se vuelven gigantescos promontorios
la suma de corazón y corazón
es una suasoria paz que quema
los labios empiezan a moverse
detrás del doble cristal sordomudo
por eso estoy obligado a imaginar
lo que ella imagina y viceversa

estábamos estamos estaremos juntos
a pedazos a ratos a párpados a sueños
soledad norte más soledad sur

para tomarle una mano nada más
ese primario gesto de la pareja
debí extender mi brazo por encima
de un continente intrincado y vastísimo
y es difícil no sólo porque mi brazo es corto
siempre tienen que ajustarme las mangas
sino porque debo pasar estirándome
sobre las torres de petróleo en maracaibo
los inocentes cocodrilos del amazonas
los tiras orientales de livramento

es cierto que treinta años de oleaje
nos dan un inconfundible aire salitroso
y gracias a él nos reconocemos
por encima de acechanzas y destrucciones

la vida íntima de dos
esa historia mundial en livre de poche
es tal vez un cantar de los cantares
más el eclesiastés y sin apocalipsis
una extraña geografía con torrentes
ensenadas praderas y calmas chichas

no podemos quejarnos
en treinta años la vida
nos ha llevado recio y traído suave
nos ha tenido tan pero tan ocupados
que siempre nos deja algo para descubrirnos
a veces nos separa y nos necesitamos

cuando uno necesita se siente vivo
entonces nos acerca y nos necesitamos

es bueno tener a mi mujer aquí
aunque estemos silenciosos y sin mirarnos
ella leyendo su séptimo círculo
y adivinando siempre quién es el asesino

yo escuchando noticias de onda corta
con el auricular para no molestarla
y sabiendo también quién es el asesino
la vida de pareja en treinta años
es una colección inimitable
de tangos diccionarios angustias mejorías
aeropuertos camas recompensas condenas
pero siempre hay un llanto finísimo
casi un hilo que nos atraviesa
y va enhebrando una estación con otra
borda aplazamientos y triunfos
le cose los botones al desorden
y hasta remienda melancolías

siempre hay un finísimo llanto un placer
que a veces ni siquiera tiene lágrimas
y es la parábola de esta historia mixta
la vida a cuatro manos el desvelo
o la alegría en que nos apoyamos
cada vez más seguros casi como
dos equilibristas sobre su alambre
de otro modo no habríamos llegado a saber
qué significa el brindis que ahora sigue
y que lógicamente no vamos a hacer público.

23 de marzo de 1976.

Los espejos las sombras

Y las sombras que cruzan los espejos

Vicente Huidobro

Es tan fácil nacer en sitios que no existen
y sin embargo fueron brumosos y reales
por ejemplo mi sitio mi marmita de vida
mi suelta de palomas conservaba
una niebla capaz de confundir las brújulas
y atravesar de tarde los postigos
todo en el territorio de aquella infancia breve
con la casa en la loma cuyo dueño
era un tal valentín del escobar
y el nombre era sonoro me atraían
las paredes tan blancas y rugosas
ahí descubrí el lápiz como colón su américa
sin saber que era lápiz y mientras lo empuñaba
alguien hacía muecas al costado de un biombo
para que yo comiera pero yo no comía

después es la estación y es el ferrocarril
me envuelven en la manta de viaje y de calor
y había unas mangueras largas ágiles
que lavaban la noche en los andenes

las imágenes quedan como en un incunable
que sólo yo podría descifrar
puesto que soy el único especialista en mí
y sin embargo cuando regresé
apenas treinta y dos años más tarde

no había andén ni manta ni paredes rugosas
ya nadie recordaba la casa en la lomita
tampoco a valentín del escobar
quizá sea por eso que no puedo creer
en pueblo tan ceñido tan variable
sin bruma que atraviese los postigos
y confunda las brújulas
un paso de los toros enmendado
que no tiene ni biombo ni mangueras

el espejo tampoco sabe nada
con torpeza y herrumbre ese necio repite
mi pescuezo mi nuez y mis arrugas
debe haber pocas cosas en el mundo
con menos osadía que un espejo

en mis ojos amén de cataratas
y lentes de contacto con su neblina propia
hay rehenes y brujas
espesas telarañas sin arañas
hay fiscales y jueces
disculpen me quedé sin defensores
hay fiscales que tiemblan frente a los acusados
y jueces majaderos como tías
o deshumanizados como atentos verdugos
hay rostros arduos y fugaces
otros triviales pero permanentes
hay criaturas y perros y gorriones
que van garúa arriba ensimismados
y un sosias de dios que pone cielos
sobre nuestra mejor abolladura

y tampoco el espejo sabe nada
de por qué lo contemplo sin rencor y aburrido

y así de noche en noche
así de nacimiento en nacimiento
de espanto en espantajo
van o vamos o voy con las uñas partidas
de arañar y arañar la infinita corteza

más allá del orgullo los árboles quedaron
quedaron los presagios las fogatas
allá atrás allá atrás
quién es tan memorioso
ah pero la inocencia ese búfalo herido
interrumpe o reanuda
la fuga o cacería
de oscuro desenlace

todos mis domicilios me abandonan
y el botín que he ganado con esas deserciones
es un largo monólogo en hilachas
turbado peregrino garrafal
contrito y al final desmesurado
para mi humilde aguante

me desquito clavándole mi agüero
me vengo espolvoreándolo de culpas
pero la soledad
                esa guitarra
esa botella al mar
esa pancarta sin muchedumbrita

esa efemérides para el olvido
oasis que ha perdido su desierto
flojo tormento en espiral
cúpula rota y que se llueve
ese engendro del prójimo que soy
tierno rebuzno de la angustia
farola miope

tímpano
ceniza
nido de águila para torcazas
escobajo sin uvas
borde de algo importante que se ignora
esa insignificante libertad de gemir
ese carnal vacío
ese naipe sin mazo
ese adiós a ninguna
esa espiga de suerte
ese hueco en la almohada

esa impericia
ese sabor grisáceo
esa tapa sin libro
ese ombligo inservible
la soledad en fin
esa guitarra
de pronto un día suena repentina y flamante
inventa prójimas de mi costilla
y hasta asombra la sombra
qué me cuentan

en verdad en verdad os digo que
nada existe en el mundo como la soledad
para buscarnos tierna compañía
cohorte escolta gente caravana

y el espejo ese apático supone
que uno está solo sólo porque rumia
en cambio una mujer cuando nos mira sabe
que uno nunca está solo aunque lo crea
ah por eso hijos míos si debéis elegir
entre una muchacha y un espejo
elegid la muchacha

cómo cambian los tiempos y el azogue
los espejos ahora vienen antinarcisos
hace cuarenta años la gente los compraba
para sentirse hermosa para saberse joven
eran lindos testigos ovalados
hoy en cambio son duros enemigos
cuadrados de rencor bruñidos por la inquina
nos agravian mortifican zahieren
y como si tal cosa pronuncian su chispazo
mencionan lustros y colesterol
pero no las silvestres bondades de estraperlo
la lenta madurez esa sabiduría
la colección completa de delirios
nada de eso solamente exhuman
las averías del pellejo añejo
el desconsuelo y sus ojeras verdes
la calvicie que empieza o que concluye
los párpados vencidos siniestrados

las orejas mollejas la chatura nasal
las vacantes molares las islas del eczema

pero no hay que huir despavorido
ni llevarle el apunte a ese reflejo
nadie mejor que yo
para saber que miente

no caben en su estanque vertical
los que fui los que soy los que seré

siempre soy varios en parejos rumbos
el que quiere asomarse al precipicio
el que quiere vibrar inmóvil como un trompo
el que quiere respirar simplemente

será que nada de eso está en mis ojos
nadie sale a pedir el visto bueno
de los otros que acaso y sin acaso
también son otros y en diversos rumbos
el que aspira a encontrarse con su euforia
el que intenta ser flecha sin el arco
el que quiere respirar simplemente

será que nada de eso está en mi ceño
en mis hombros mi boca mis orejas
será que ya no exporto dudas ni minerales
no genera divisas mi conducta
tiene desequilibrios mi balanza de pagos
la caridad me cobra intereses leoninos
y acaparo dolor para el mercado interno

será que nada de eso llega al prójimo
pero yo estoy hablando del y con el espejo
y en su luna no hay prójima y si hay
será una entrometida que mira sobre mi hombro

los prójimos y prójimas no están en el luciente
sencillamente son habitantes de mí
y bueno se establecen en mí como pamperos
o como arroyos o como burbujas

por ejemplo las dudas no están en el espejo
las dudas que son meras preconfianzas
por ejemplo los miércoles no están
ya que el espejo es un profesional
de noches sabatinas y tardes domingueras
los miércoles de miércoles quién se le va a arrimar
pedestre o jadeante
inhumano y cansado

con la semana a medio resolver
las tardes gordas de preocupaciones
el ómnibus oliendo a axila de campeón

los insomnios no caben por ejemplo
no son frecuentes pero sí poblados
de canciones a trozos
de miradas que no eran para uno
y alguna que otra bronca no del todo prevista
de esas que consumen la bilis del trimestre

tampoco aquellos tangos en los que uno sujeta
en suave diagonal la humanidad contigua

y un magnetismo cálido y a la vez transitorio
consterna los gametos sus ene cromosomas
y entre corte y cortina se esparcen monosílabos
y tanto las pavadas aleluya
como las intuiciones aleluya aleluya
derriban las fronteras ideológicas

verbigracia qué puede rescatar el espejo
de una ausencia tajante
una de esas ausencias que concurren
que numeran sus cartas
y escriben besos ay de amor remoto

qué puede qué podría reconocer carajo
de las vidas y vidas que ya se me murieron
esos acribillados esos acriborrados
del abrazo y el mapa y los boliches
o los que obedecieron a su corazonada
hasta que el corazón les explotó en la mano
sea en el supermarket de la mala noticia
o en algún pobre rancho de un paisaje sin chau

poco puede conocer de los rostros
que no fueron mi rostro y sin embargo
siguen estando en mí
y menos todavía
de los desesperantes terraplenes
que traté de subir o de bajar
esos riesgos minúsculos que parecen montañas
y los otros los graves que salvé como un sordo
así hasta que la vida quedó sin intervalos

y la muerte quedó sin vacaciones
y mi piel se quedó sin otras pieles
y mis brazos vacíos como mangas
declamaron socorro para el mundo

en la esquina del triste no hay espejo
y lo que es
                más austero
                                no hay auxilio
por qué será que cunden las alarmas
y no hay manera ya de descundirlas

el país tiene heridas grandes como provincias
y hay que aprender a andar sobre sus bordes
sin vomitar en ellas ni caer como bolos
ni volverse suicida o miserable
ni decir no va más
porque está yendo
y exportamos los huérfanos y viudas
como antes la lana o el tasajo

en el muelle del pobre no hay espejo
y lo que es
                más sencillo
                                no hay adioses

los fraternos que estaban en el límite
las muchachas que estaban en los poemas
asaltaron de pronto el minuto perdido
y se desparramaron como tinta escarlata
sobre las ínfulas y los sobornos

metieron sus urgencias que eran gatos
en bolsas de arpillera
y cuando las abrieron aquello fue un escándalo
la fiesta prematura
igual que si se abre una alcancía

hacía tanto que éramos comedidos y cuerdos
que no nos vino mal este asedio a la suerte

los obreros en cambio no estaban en los poemas
estaban en sus manos nada más
que animan estructuras telas fibras
y cuidan de su máquina oh madre inoxidable
y velan su garganta buje a buje
y le toman el pulso
y le vigilan la temperatura
y le controlan la respiración
y aquí atornillan y desatornillan
y allí mitigan ayes y chirridos y ecos
o escuchan sus maltrechas confidencias
y por fin cuando suena el pito de las cinco
la atienden la consuelan y la apagan

los obreros no estaban en los poemas
pero a menudo estaban en las calles
con su rojo proyecto y con su puño
sus alpargatas y su humor de lija
y su beligerancia su paz y su paciencia
sus cojones de clase
qué clase de cojones
sus ollas populares

su modestia y su orgullo
que son casi lo mismo

las muchachas que estaban en los poemas
los obreros que estaban en las manos
hoy están duros en la cárcel firmes
como las cuatro barras que interrumpen el cielo

pero habrá otro tiempo
es claro que habrá otro
habrá otro tiempo porque el tiempo vuela

no importa que ellas y ellos no estén en el espejo
el tiempo volará
                                no como el cóndor
ni como el buitre ni como el albatros
ni como el churrinche ni como el benteveo
el tiempo volará como la historia
esa ave migratoria de alas fuertes
que cuando llega es para quedarse

y por fin las muchachas estarán en las manos
y por fin los obreros estarán en los poemas

ay espejo ignoras tanta vida posible
tenés mi soledad
vaya conquista
en qué magro atolón te obligaste a varar
hay un mundo de amor que te es ajeno
así que no te quedes mirando mi mirada
la modorra no escucha campanas ni promesas
tras de mí sigue habiendo un pedazo de historia

y yo tengo la llave de ese cofre barato
pero atrás más atrás
o adelante mucho más adelante
hay una historia plena
una patria en andamios con banderas posibles
y todo sin oráculo y sin ritos
y sin cofre y sin llave
simplemente una patria

ay espejo las sombras que te cruzan
son mucho más corpóreas que mi cuerpo depósito
el tiempo inagotable hace sus propios cálculos
y yo tengo pulmones y recuerdos y nuca
y otras abreviaturas de lo frágil
quizá una vez te quiebres
dicen que es mala suerte
pero ningún espejo pudo con el destino
o yo mismo me rompa sin que vos te destruyas
y sea así otra sombra que te cruce

pero espejo ya tuve como dieciocho camas
en los tres años últimos de este gran desparramo
como todas las sombras pasadas o futuras
soy nómada y testigo y mirasol
dentro de tres semanas tal vez me vaya y duerma
en mi cama vacía número diecinueve
no estarás para verlo
no estaré para verte

en otro cuarto neutro mengano y transitorio
también habrá un espejo que empezará a escrutarme

tan desprolijamente como vos
y aquí en este rincón duramente tranquilo
se instalará otro huésped temporal como yo
o acaso dos amantes recién homologados
absortos en su canje de vergüenzas
con fragores de amor e isócronos vaivenes

no podrás ignorarlos
ellos te ignorarán
no lograrás desprestigiar su piel
porque será de estreno y maravilla
ni siquiera podrás vituperar mi rostro
porque ya estaré fuera de tu alcance
diciéndole a otra luna de impersonal herrumbre
lo que una vez te dije con jactancia y recelo

he venido con todos mis enigmas
he venido con todos mis fantasmas
he venido con todos mis amores

y antes de que me mire
como vos me miraste
con ojos que eran sólo parodia de mis ojos
soltaré de una vez el desafío

ay espejo cuadrado
nuevo espejo de hotel y lejanía
aquí estoy
                ya podés
empezar a ignorarme.

agosto 1976.

Piedritas en la ventana

a roberto y adelaida

De vez en cuando la alegría
tira piedritas contra mi ventana
quiere avisarme que está ahí esperando
pero hoy me siento calmo
casi diría ecuánime
voy a guardar la angustia en su escondite
y luego a tenderme cara al techo
que es una posición gallarda y cómoda
para filtrar noticias y creerlas

quién sabe dónde quedan mis próximas huellas
ni cuándo mi historia va a ser computada
quién sabe qué consejos voy a inventar aún
y qué atajo hallaré para no seguirlos

está bien no jugaré al desahucio
no tatuaré el recuerdo con olvidos
mucho queda por decir y callar
y también quedan uvas para llenar la boca

está bien me doy por persuadido
que la alegría no tire más piedritas
abriré la ventana
abriré la ventana

Otro cielo

la stranezza di un cielo che non e il tuo

Cesare Pavese

No existe esponja para lavar el cielo
pero aunque pudieras enjabonarlo
y luego echarle baldes y baldes de mar
y colgarlo al sol para que se seque
siempre te faltaría un pájaro en silencio

no existen métodos para tocar el cielo
pero aunque te estiraras como una palma
y lograras rozarlo en tus delirios
y supieras por fin cómo es al tacto
siempre te faltaría la nube de algodón

no existe un puente para cruzar el cielo
pero aunque consiguieras llegar a la otra orilla
a fuerza de memoria y de pronósticos
y comprobaras que no es tan difícil
siempre te faltaría el pino del crepúsculo

eso porque se trata de un cielo que no es tuyo
aunque sea impetuoso y desgarrado
en cambio cuando llegues al que te pertenece
no lo querrás lavar ni tocar ni cruzar
pero estarán el pájaro y la nube y el pino.

Esa batalla

¿Cómo compaginar
la aniquiladora
idea de la muerte
con este incontenible
afán de vida?

¿cómo acoplar el horror
ante la nada que vendrá
con la invasora alegría
del amor provisional
y verdadero?

¿cómo desactivar la lápida
con el sembradío?
¿la guadaña
con el clavel?

¿será que el hombre es eso?
¿esa batalla?

Grillo constante

Mientras aquí en la noche sin percances
pienso en mis ruinas   bajo a mis infiernos
inmóvil en su dulce anonimato
el grillo canta nuevas certidumbres

mientras hago balance de mis yugos
y una muerte cercana me involucra
en algún mágico rincón de sombras
canta el grillo durable y clandestino

mientras distingo en sueños los amores
y los odios proclamo ya despierto
implacable rompiente soberano
el grillo canta en nombre de los grillos

la ansiedad de saber o de ignorar
flamea en la penumbra y me concierne
pero no importa desde su centímetro
tenaz como un obrero canta el grillo.

De árbol a árbol

a ambrosio y silvia

Los árboles
¿serán acaso solidarios?

¿digamos el castaño de los campos elíseos
con el quebracho de entre ríos
o los olivos de jaén
con los sauces de tacuarembó?

¿le avisará la encina de westfalia
al flaco alerce del tirol
que administre mejor su trementina?

y el caucho de pará
o el baobab en las márgenes del cuanza
¿provocarán al fin la verde angustia
de aquel ciprés de la *mission* dolores
que cabeceaba en frisco
california?

¿se sentirá el ombú en su pampa de rocío
casi un hermano de la ceiba antillana?

los de este parque o aquella floresta
¿se dirán copa a copa que el muérdago
otrora tan sagrado entre los galos
ahora es apenas un parásito
con chupadores corticales?

¿sabrán los cedros del líbano
y los caobos de corinto
que sus voraces enemigos
no son la palma de camagüey
ni el eucalipto de tasmania
sino el hacha tenaz del leñador
la sierra de las grandes madereras
el rayo como látigo en la noche?

Cotidiana I

La vida cotidiana es un instante
de otro instante que es la vida total del hombre
pero a su vez cuántos instantes no ha de tener
ese instante del instante mayor

cada hoja verde se mueve en el sol
como si perdurar fuera su inefable destino
cada gorrión avanza a saltos no previstos
como burlándose del tiempo y del espacio
cada hombre se abraza a alguna mujer
como si así aferrara la eternidad

en realidad todas estas pertinacias
son modestos exorcismos contra la muerte
batallas perdidas con ritmo de victoria
reos obstinados que se niegan
a notificarse de su injusta condena
vivientes que se hacen los distraídos

la vida cotidiana es también una suma de instantes
algo así como partículas de polvo
que seguirán cayendo en un abismo
y sin embargo cada instante
o sea cada partícula de polvo
es también un copioso universo
con crepúsculos y catedrales y campos de cultivo
y multitudes y cópulas y desembarcos
y borrachos y mártires y colinas
y vale la pena cualquier sacrificio
para que ese abrir y cerrar de ojos
abarque por fin el instante universo
con una mirada que no se avergüence
de su reveladora
efímera
insustituible
luz.

Me voy con la lagartija

Me voy con la lagartija
vertiginosa
a recorrer las celdas donde
líber
    raúl
        héctor
            josé luis
jaime
    ester
        gerardo
            el ñato
rita
    mauricio
        flavia
            el viejo
penan por todos
y resisten

voy con la lagartija
popular
vertiginosa
a dejarles aquí y allá
por entre los barrotes
    junto a las cicatrices
    o sobre la cuchara
migas de respeto
silencios de confianza
y gracias porque existen

Soy un caso perdido

Por fin un crítico sagaz reveló
(ya sabía yo que iban a descubrirlo)
que en mis cuentos soy parcial
y tangencialmente me exhorta
a que asuma la neutralidad
como cualquier intelectual que se respete

creo que tiene razón
soy parcial
de esto no cabe duda
más aún yo diría que un parcial irrescatable
caso perdido en fin
ya que por más esfuerzos que haga
nunca podré llegar a ser neutral

en varios países de este continente
especialistas destacados
han hecho lo posible y lo imposible
por curarme de la parcialidad
por ejemplo en la biblioteca nacional de mi país
   ordenaron el expurgo parcial
   de mis libros parciales
en argentina me dieron cuarenta y ocho horas
   (y si no me mataban) para que me fuera
   con mi parcialidad a cuestas
por último en perú incomunicaron mi parcialidad
   y a mí me deportaron

de haber sido neutral
no habría necesitado

esas terapias intensivas
pero qué voy a hacerle
soy parcial
incurablemente parcial
y aunque pueda sonar un poco extraño
totalmente
parcial

ya sé
eso significa que no podré aspirar
a tantísimos honores y reputaciones
    y preces y dignidades
que el mundo reserva para los intelectuales
    que se respeten
es decir para los neutrales
con un agravante
como cada vez hay menos neutrales
las distinciones se reparten
entre poquísimos

después de todo y a partir
de mis confesadas limitaciones
debo reconocer que a esos pocos neutrales
les tengo cierta admiración
o mejor les reservo cierto asombro
ya que en realidad se precisa un temple de acero
para mantenerse neutral ante episodios como
girón
        tlatelolco
                trelew
                        pando
                                la moneda

es claro que uno
y quizá sea esto lo que quería decirme el crítico
podría ser parcial en la vida privada
y neutral en las bellas letras
digamos indignarse contra pinochet
    durante el insomnio
y escribir cuentos diurnos
    sobre la atlántida

no es mala idea
y claro
tiene la ventaja
de que por un lado
uno tiene conflictos de conciencia
y eso siempre representa
un buen nutrimento para el arte
y por otro no deja flancos para que lo vapulee
la prensa burguesa y/o neutral

no es mala idea
pero
ya me veo descubriendo o imaginando
en el continente sumergido
la existencia de oprimidos y opresores
parciales y neutrales
torturados y verdugos
o sea la misma pelotera
cuba sí yanquis no
de los continentes no sumergidos

de manera que
como parece que no tengo remedio

y estoy definitivamente perdido
para la fructuosa neutralidad
lo más probable es que siga escribiendo
cuentos no neutrales
y poemas y ensayos y canciones y novelas
no neutrales
pero advierto que será así
aunque no traten de torturas y cárceles
u otros tópicos que al parecer
resultan insoportables a los neutros

será así aunque traten de mariposas y nubes
y duendes y pescaditos

Bandoneón

Me jode confesarlo
pero la vida es también un bandoneón
hay quien sostiene que lo toca dios
pero yo estoy seguro de que es troilo
ya que dios apenas toca el arpa
y mal

fuere quien fuere lo cierto es
que nos estira en un solo ademán purísimo
y luego nos reduce de a poco a casi nada
y claro nos arranca confesiones
quejas que son clamores
vértebras de alegría
esperanzas que vuelven

como los hijos pródigos
y sobre todo como los estribillos

me jode confesarlo
porque lo cierto es que hoy en día
pocos
quieren ser tango
la natural tendencia
es a ser rumba o mambo o chachachá
o merengue o bolero o tal vez casino
en último caso valsecito o milonga
pasodoble jamás
pero cuando dios o pichuco o quien sea
toma entre sus manos la vida bandoneón
y le sugiere que llore o regocije
uno siente el tremendo decoro de ser tango
y se deja cantar y ni se acuerda
que allá espera
el estuche.

Botella al mar

El mar un azar

Vicente Huidobro

Pongo estos seis versos en mi botella al mar
con el secreto designio de que algún día
llegue a una playa casi desierta
y un niño la encuentre y la destape

y en lugar de versos extraiga piedritas
y socorros y alertas y caracoles.

Defensa de la alegría

a trini

Defender la alegría como una trinchera
defenderla del escándalo y la rutina
de la miseria y los miserables
de las ausencias transitorias
y las definitivas

defender la alegría como un principio
defenderla del pasmo y las pesadillas
de los neutrales y de los neutrones
de las dulces infamias
y los graves diagnósticos

defender la alegría como una bandera
defenderla del rayo y la melancolía
de los ingenuos y de los canallas
de la retórica y los paros cardiacos
de las endemias y las academias

defender la alegría como un destino
defenderla del fuego y de los bomberos
de los suicidas y los homicidas
de las vacaciones y del agobio
de la obligación de estar alegres

defender la alegría como una certeza
defenderla del óxido y la roña
de la famosa pátina del tiempo
del relente y del oportunismo
de los proxenetas de la risa

defender la alegría como un derecho
defenderla de dios y del invierno
de las mayúsculas y de la muerte
de los apellidos y las lástimas
del azar
y también de la alegría.

Cálculo de probabilidades

Cada vez que un dueño de la tierra
proclama
para quitarme este patrimonio
tendrán que pasar
sobre mi cadáver
debería tener en cuenta
que a veces
pasan.

Nuevo canal interoceánico

Te propongo construir
un nuevo canal
sin esclusas

ni excusas
que comunique por fin
tu mirada
atlántica
con mi natural
pacífico.

Contraofensiva

Si a uno
le dan
palos de ciego
la única
respuesta eficaz
es dar
palos
de vidente

Síndrome

Todavía tengo casi todos mis dientes
casi todos mis cabellos y poquísimas canas
puedo hacer y deshacer el amor
trepar una escalera de dos en dos
y correr cuarenta metros detrás del ómnibus
o sea que no debería sentirme viejo
pero el grave problema es que antes
no me fijaba en estos detalles.

Ahora todo está claro

Cuando el presidente carter
se preocupa tanto
por los derechos
humanos
parece evidente que en ese caso
derecho
no significa facultad
o atributo
o libre albedrío
sino diestro
o antizurdo
o flanco opuesto al corazón
lado derecho en fin

en consecuencia
¿no sería hora
de que iniciáramos
una amplia campaña internacional
por los izquierdos
humanos?

Semántica práctica

Sabemos que el alma como principio de la vida
es una caduca concepción religiosa e idealista
pero que en cambio tiene vigencia en su acepción
segunda
o sea hueco del cañón de las armas de fuego

hay que reconocer empero que el lenguaje popular no
está rigurosamente al día
y que cuando el mismo estudiante que leyó en
konstantinov que la idea del alma es fantástica e
ingenua
besa los labios ingenuos y fantásticos de la compañerita
que no conoce la acepción segunda
y a pesar de ello le dice te quiero con toda el alma
es obvio que no intenta sugerir que la quiere con todo
el hueco del cañón.

El soneto de rigor

Las rosas están insoportables en el florero

Jaime Sabines

Tal vez haya un rigor para encontrarte
el corazón de rosa rigurosa
ya que hablando en rigor no es poca cosa
que tu rigor de rosa no te harte.

Rosa que estás aquí o en cualquier parte
con tu rigor de pétalos, qué sosa
es tu fórmula intacta, tan hermosa
que ya es de rigor desprestigiarte.

Así que abandonándote en tus ramos
o dejándote al borde del camino
aplicarte el rigor es lo mejor.

Y el rigor no permite que te hagamos
liras ni odas cual floreros, sino
apenas el soneto de rigor.

Por qué cantamos

Si cada hora viene con su muerte
si el tiempo es una cueva de ladrones
los aires ya no son los buenos aires
la vida es nada más que un blanco móvil

usted preguntará por qué cantamos

si nuestros bravos quedan sin abrazo
la patria se nos muere de tristeza
y el corazón del hombre se hace añicos
antes aún que explote la vergüenza

usted preguntará por qué cantamos

si estamos lejos como un horizonte
si allá quedaron árboles y cielo
si cada noche es siempre alguna ausencia
y cada despertar un desencuentro

usted preguntará por qué cantamos

cantamos porque el río está sonando
y cuando suena el río / suena el río

cantamos porque el cruel no tiene nombre
y en cambio tiene nombre su destino

cantamos porque el niño y porque todo
y porque algún futuro y porque el pueblo
cantamos porque los sobrevivientes
y nuestros muertos quieren que cantemos

cantamos porque el grito no es bastante
y no es bastante el llanto ni la bronca
cantamos porque creemos en la gente
y porque venceremos la derrota

cantamos porque el sol nos reconoce
y porque el campo huele a primavera
y porque en este tallo en aquel fruto
cada pregunta tiene su respuesta

cantamos porque llueve sobre el surco
y somos militantes de la vida
y porque no podemos ni queremos
dejar que la canción se haga ceniza.

Pasatiempo

Cuando éramos niños
los viejos tenían como treinta
un charco era un océano
la muerte lisa y llana
no existía

luego cuando muchachos
los viejos eran gente de cuarenta
un estanque era océano
la muerte solamente
una palabra

ya cuando nos casamos
los ancianos estaban en cincuenta
un lago era un océano
la muerte era la muerte
de los otros

ahora veteranos
ya le dimos alcance a la verdad
el océano es por fin el océano
pero la muerte empieza a ser
la nuestra.

Estos poetas son míos

Estos poetas são meus

Carlos Drummond de Andrade

Roque leonel ibero rigoberto
ricardo paco otto-rené javier
cuántas veces y en cuántos enjambres y asambleas
los habrán (mal) tratado de pequeñoburgueses
se habrán quedado solos con su antigua costumbre
de razonar / o solos con el rigor científico

solos con un impulso moral / solos en una
soledad no querida no buscada
solos con sus amores al prójimo a la prójima
con la preocupación de que los segregaran
solos para entender todo y a todos

cuántas veces y en cuántas esperanzas o rutas
habrán andado a tientas a relámpagos
dejando reposar el tiempo la poesía
y ellos infatigables reventándose
sabiendo que no eran los pequeños burgueses
que los rudos compañeros decían
que no eran los flojos los librescos
mirándose al espejo hasta desentrañarlo
como narcisos nunca / mirándose autocríticos
jamás desalentados / tratando de encontrar
el resquicio la brecha el socavón el mérito
de ser como los otros o algo así

cuántas veces y en cuántos insomnios duermevelas
habrán considerado la pena o el atajo
de borrar la poesía / de borrarse
como poetas / borrar el modesto delirio
y juntar las palabras las volátiles
y cambiarlas por otras las concretas
y revolucionar las veinticuatro horas
y ponerse el esquema y quitarse los tropos
y andar al mismo paso / nadar el mismo río
y fabricar así la infundada esperanza
de ser iguales a los otros / ser
igualmente juzgados y medidos

cuántas veces y en cuántas lagunas y memorias
habrán querido ser / luz roja / tierra verde
y compartir la lucha a pedacitos
aprender sangre a sangre el alfabeto
cual si no lo supieran / desde abajo
arder en la bondad elemental
sentir la furia como un calofrío
continuar el amor sin los alertas
compañerísimos en las difíciles
jocundos en las fáciles
igualmente medidos y juzgados

pero un día una noche una friolera
arriesgaron el cuerpo la miseria los versos
supieron de repente que la ley era vieja
que los suaves poetas aunque se desgañiten
aunque venzan al viento y a la luna
disponen de una sola ocasión decisiva
a fin de que los rudos queridos compañeros
admitan que no siempre / pero a veces /
esos de la palabra esos de calma en cierne
pueden ser valerosos como un sueño
leales como un río
fuertes como un imán
lo grave es que su única ocasión
es morir
una forma tal vez de desmorirse
defendiendo una causa por la que otros
no precisan la muerte para ser aceptados
para ser abrazados y creídos

cuántas veces y en cuántas sustancias y cegueras
se habrán empecinado en los candores
y buscado argumentos con rabia / resistido
para apuntarle al enemigo / al plomo
que venía en el aire aniquilando
matando desmintiendo desabrigando ardiendo
y habrán desesperado la esperanza
de arrinconar confianza o de inspirarla

y sin embargo / luego / en un segundo
en una balacera eucaristía
en la revelación del fogonazo
en la tortura sin promesa y última
en un instante breve como un sorbo
sin argumentos / sin palabras / tiernos
tristísimos por fin y despegados
en ese parpadeo que no cierra
deshechos y rehechos de coraje
estallados de fe / muertos de pena
dejaron de aspirar cuando el destello
cuando el sabor final y la vislumbre
cuando cambiaron la amargura tibia
de pequeño burgués por la de mártir.

Abrigo

Cuando sólo era
un niño estupefacto
viví durante años
allá en colón

en un casi tugurio
de latas
fue una época
más bien
miserable
pero nunca después
me sentí tan a salvo
tan al abrigo
como cuando empezaba
a dormirme
bajo la colcha de retazos
y la lluvia poderosa
cantaba sobre el techo
de zinc.

Tranvía de 1929

a china zorrilla

Allá en mis nueve años circulaban
dos tipos de tranvías
los amarillos de la transatlántica
los rojos de la comercial
pero aparte de que fueran alemanes o ingleses
había una tremenda diferencia
en la comercial viajaba yo
en la transatlántica unos desconocidos

el treinta y seis iba a punta carretas
y a las seis y cuarto de la mañana frágil

cuando se levantaba como niebla el rocío
yo lo tomaba a diario para asistir
al deutsche schule de la calle soriano

era un horario para gente estoica
razón por la que íbamos sólo dos pasajeros
yo sentado adelante junto a la ventanilla

y bien atrás un viejo bajito y honorable
siempre de traje oscuro y con barba canosa
que leía su diario y jamás me miraba

hoy me gusta pensarlo / aquel puntual usuario
seguro que tomaba el crujiente tranvía
en una vaga esquina del siglo diecinueve
pero en aquel entonces hubo alguien / mi padre
que dijo ése es el poeta nacional
ése es don juan zorrilla de san martín

lo cierto
fue que el augusto nombre no me reveló nada
así que lo seguí considerando un viejo
bajo y de oscuro / ceño fruncido y barba
uno que diariamente compartía conmigo
el treinta y seis de la comercial

poco después moría con todos los honores

recuerdo que una tarde siendo ya adolescente
me introduje en su casa
que ya no era su casa sino apenas

el museo zorrilla
y me vinieron ganas retroactivas de hablarle
de sentarme con él
en el tranvía de las seis y cuarto

en este medio siglo por supuesto he leído
sobre su vida y obra / sobre su fe y talante

el tranvía sigue galopando en la niebla
con él viejo y yo niño / con él solo y yo solo

pero nunca he sabido qué hacía tan temprano
en el tramo penúltimo de su cándida gloria.

Subversión de Carlitos el Mago

Querés saber dónde están los muchachos de entonces
sospechás que ahora vendrán caras extrañas
y aunque pasó una sombra sonó un balazo
guardás escondida una esperanza humilde
que es toda la fortuna de tu corazón

la verdad es que fuiste genialmente cursi
y soberanamente popular
te metiste no sólo en los boliches
sino también entre pecho y espalda
de vos hablaban por supuesto en los quilombos
pero asimismo en los hogares de respeto
atravesaste las capas sociales
como una lluvia persistente y veraz

y así gardeliaban los obreros y las costureritas
pero también los altísimos burgueses
y no era raro que algún senador o rey de bastos
matizara sus listas de promesas a olvidar
con citas de los griegos más preclaros
y de tus tangos tan poco helénicos

tus ensueños se van se van no vuelven más
tal vez por eso siempre sostuvimos
que no tenías inquietudes políticas
izquierdas y derechas nos pusimos de acuerdo
para situarte en el malevaje y otros limbos
donde había paicas y otarios y percal y gayola
pero no figuraba la lucha de clases
y aunque dicen que eras ateo y socialista
otros evocan tus alabanzas a radicales y conservas

pero vos / antes y después de medellín
dejaste hacer / dejaste que dijeran / dejaste
que cada uno te inventara a su medida
y por las dudas no aclaraste nunca
si eras de toulouse o de tacuarembó

pero en alguna parte sucedió algo
que removió tu vergüenza de haber sido
tu noche triste y tu requiesca in pache
acaso fue la piba que murió en la picana
o el verdugo mayor que viste en el periódico
compungido y procaz ante la sangre joven
todo es mentira / mentira ese lamento

pero es seguro que sucedió algo
algo que te movió el gacho para siempre
fue entonces que sacaste de la manga
los seis o siete tangos con palabras rugosas
y empezaste a cantarlos como nunca
hasta que el cabo le avisó al sargento
y el sargento se lo dijo al teniente
y el teniente al mayor y al coronel
y el coronel a todos los generales
que esa noche disfrutaban de wagner
y no bien acabó el crepúsculo de los dioses
te juzgaron culpable de ser pueblo
y de asistencia a la subversión
y así entraste en la franja de los clandes

de modo que se acabaron las dudas
y las cavilaciones y los chismes
ya no sobre toulouse o tacuarembó
te llevaste el secreto a chacarita
sino sobre con cuáles estabas o estarás
vale decir con ellos o con nosotros
quién sabe si supieras
pero ahora sí está claro para siempre
tomaste partido contra los jailaifes y la cana
y estás con nosotros / bienvenido mago
compañero morocho del abasto.

Ni colorín ni colorado

Buenos Aires, 3 de agosto (AF).–Los dos niños uruguayos hallados en Chile días atrás fueron raptados en Argentina en septiembre de 1976, según la Asamblea Permanente de los Derechos Humanos. Los niños son Anatole Boris y Eva Lucía Julien Grisonas. La abuela de los niños, María Angélica Cáceres de Julien, envió una carta a la APDH hace más de un año, para denunciar la desaparición de su hijo, esposa y dos hijos, durante una «operación policial» efectuada en su domicilio, situado en San Martín Arrabal, Noroeste de Buenos Aires.

(*El Sol de México,* 4 de agosto de 1979)

Y la muerte es el último país que el niño inventa.

Raúl González Tuñón

Fue en valparaíso donde reaparecieron
en pleno año internacional del niño
por fin sanos y salvos
con escasa y suficiente memoria
eva lucía y anatole
niños del siglo veinte

habían mediado las naciones unidas
y fotógrafos embajadas arzobispos
y una vez confirmadas las identidades
y obtenido el aval indispensable

de burócratas y estados mayores
desde montevideo fue a buscarlos la abuela
y es posible que todo vuelva a su cauce

pero ni colorín ni colorado
el cuento no se ha acabado

valparaíso de terremotos y escaleras
donde cada escalón es una casa en ascuas
valparaíso de marineros y mercados
y costas de agua helada y transparente
había acogido a anatole y eva lucía
cuando en diciembre del setenta y seis
aparecieron en la plaza o'higgins
a la deriva y tomados de la mano

valparaíso de acordeones y tabernas
y olor inconfundible a sal y muelles
con un mar que complica los adioses
pero se encrespa con las bienvenidas
la ciudad de las proas les dio pan y cobijo
y también una esponja con la ardua misión
de borrar los poquísimos recuerdos

pero ni colorín ni colorado
el cuento no se ha acabado

montevideo de milongas y cielitos
puerto también pero con otro aroma
con cantinas y bares de mala muerte
y jóvenes cadáveres también de mala muerte

quizá reciba a eva lucía y anatole
sin primavera porque es invierno crudo
sin cantos porque hay silencio estricto
sin padres porque desaparecieron

montevideo de lluvia a plazos
de muros con pregones irreverentes
de noche sin faroles pero con tres marías
quizá reciba a eva lucía y anatole
en el breve año internacional del niño
sin primavera sin canciones sin padres

anatole sí recuerda a la madre caída
no ha olvidado aquella sangre única
ni al padre escondiéndolos en la bañera
para salvarlos del oprobio y los tiros

pero ni colorín ni colorado
el cuento no se ha acabado

lo cierto es que montevideo y valparaíso
tienen más de un atributo en común
digamos la bruma y la nostalgia de los puertos
y esa oscura piedad en homenaje
al pobre año internacional del niño
que dentro de unos meses se termina

así pues no sería de extrañar
que antes de que culminen las celebraciones
y a fin de que la lástima sea simétrica
aparecieran en la plaza zabala

o en villa dolores o en el prado
dos pequeños chilenos desgajados del mundo
tomados de la mano y a la deriva
y una vez detectados por la onu
y por fotógrafos embajadas arzobispos
comprobadas las identidades y obtenido
el aval de burócratas y estados mayores
viniera a recogerlos algún abuelo
a fin de reintegrarlos a su valparaíso
que seguramente los habría de esperar
sin primavera sin canciones sin padres

pero ni colorín ni colorado
el cuento no se ha acabado

El baquiano y los suyos

Es el Jefe, el baqueano

Jesualdo: *Artigas*

Desde el palmar inmóvil reconoce a su gente
cuánto orgullo y tesón cuánta distancia

en un octubre opaco y remotísimo
habían arrancado del puro desaliento
acamparon primero en el monzón
pasaron la cuchilla del perdido
después el cololó y el yapeyú y la cuenca
del vera y el perico flaco y luego

los campos de tres patos y un arroyo
el bellaco y otro arroyito el sánchez
una tregua discreta en paysandú
vado del san francisco y el chingolo
y uno más importante el del queguay
alguno que otro insomnio en el quebracho
paso del chapicuy rumbo al daymán
diciembre en alto chico
cruce del uruguay ese río frontera
el peñón de san carlos los bosques de concordia
y por fin este abril junto al ayuí

desde el palmar inmóvil reconoció el baquiano
la patriada en andrajos ese pueblo
que incluía a su padre don martín
y al cura figueredo y los lamas los suárez
y bartolomé hidalgo poeta fundador
y zambos negros indios gauchos y criollos pobres
y acémilas troperos carruajes tolderías

la patria todavía era dudosa
quizá / pero el baquiano no dudaba

muchos de ellos quemaron sus viviendas
atrás dejaron toda una vida una muerte
tierras propias que eran tierra de nadie
pero en las setecientas carretas casi en ruinas
viene la dignidad como un sistema
doloroso implacable inocente y porfiado
sobre todo implacable con su propia inocencia

el general baquiano apoya el brazo terco
en la palma yatay la más cercana
y deja su mirada en las arenas limpias
para poder imaginar mejor

a principios de junio / con su pésima fe
llegará sarratea el bribón el cobarde
y con su buena fe / el caudillo frugal
habrá de sorprenderse porque a veces
las maldades lo encuentran desarmado

no olvidar que peleando ganaba las batallas
y después lo vencían echándole traidores
de todos modos eso será en junio / ahora
el general baquiano riguroso y sin dudas
entrecierra los ojos para soñar mejor
y es explicable porque su baquía más sólida
es un sueño que invade como escarcha
a los hombres la historia los potreros

el olor y el otoño de su verde provincia
atraviesan las leguas / no son muchas

para su pueblo quiere la gran cosecha patria
pero duele dejar la tierra abandonada
los ranchos en cenizas los poblados vacíos
la mazorca en el viento y el viento en la congoja
aquí al atardecer las fogatas se animan
pero el hogar de veras está allá en el oriente

en estas setecientas carretas de penuria
vino la dignidad como un sistema
y él sabe como nadie que ser digno
resultará más arduo cada día

desea por supuesto la gloria de su pueblo
pero antes que la gloria cazará la justicia
está dispuesto a dar su vida pero sabe
que eso no es decisivo / lo primero
es transformar la vida
y con un solo hombre que le quede
con él hará la guerra como estribo del cambio

el pueblo es soberano pero aún no lo sabe
él debe convencerlo de su soberanía

no necesita abrir nuevamente los ojos
para ver la llanura de lealtad
y saber que esos leales son su tropa
casi sin proponérselo los abre y nos distingue
a nosotros / llegados tantas penas después
nuestro destierro es múltiple pero estamos aquí
como única manera de juntar y juntarnos
no tenemos carretas caballos tolderías
apenas los estigmas de la nueva redota
allá quedaron vidas y viviendas
unas saqueadas otras solitarias
tan sólo están repletos
camposanto y ergástula
allá quedaron trozos de nosotros

trajimos la esperanza sin embargo
y por suerte está ilesa y está joven

hace tiempo partimos también del desaliento
acampamos primero en el asombro
pasamos las cuchillas del perdido
y cruzamos sin puente el río de la sangre
vadeamos la ciénaga del horror y su lástima
y fuimos esquivando el salto chico
de la nostalgia y creo que un arroyo
el bellaco y otro arroyito el vil
una noche de tregua y luego desde el alba
los lisos farallones del rencor
de la muerte arrancamos como yuyos
las razones de vida

todo esto un poco antes de cruzar nuevos ríos
algunos de los tantos ríos que hacen frontera
y allí empezó otro rumbo
y así empezó otro verde
el peñón del orgullo los bosques de concordia
y por fin este abril junto al baquiano

los troperos y gauchos nos recorren
nos miran con recelo durante un lustro apenas
sus primeras fogatas enrojecen las nubes
y bah después de todo no somos tan distintos
tan sólo un poco más de siglo y medio
entre ellos y nosotros

incluso hay quien pregunta si ya vimos al jefe
y nos señala dónde está y lo vemos
y también él nos da la bienvenida
con un silencio grave y sabio y duro
en el que sin embargo está claro un emblema
una antigua verdad
nada tenemos
  que esperar
  sino
    de nosotros mismos

Desaparecidos

Están en algún sitio / concertados
desconcertados / sordos
buscándose / buscándonos
bloqueados por los signos y las dudas
contemplando las verjas de las plazas
los timbres de las puertas / las viejas azoteas
ordenando sus sueños sus olvidos
quizá convalecientes de su muerte privada

nadie les ha explicado con certeza
si ya se fueron o si no
si son pancartas o temblores
sobrevivientes o responsos
ven pasar árboles y pájaros
e ignoran a qué sombra pertenecen

cuando empezaron a desaparecer
hace tres cinco siete ceremonias
a desaparecer como sin sangre
como sin rostro y sin motivo
vieron por la ventana de su ausencia
lo que quedaba atrás / ese andamiaje
de abrazos cielo y humo

cuando empezaron a desaparecer
como el oasis en los espejismos
a desaparecer sin últimas palabras
tenían en sus manos los trocitos
de cosas que querían
están en algún sitio / nube o tumba
están en algún sitio / estoy seguro
allá en el sur del alma
es posible que hayan extraviado la brújula
y hoy vaguen preguntando preguntando
dónde carajo queda el buen amor
porque vienen del odio

Quiero creer que estoy volviendo

Vuelvo / quiero creer que estoy volviendo
con mi peor y mi mejor historia
conozco este camino de memoria
pero igual me sorprendo

hay tanto siempre que no llega nunca
tanta osadía tanta paz dispersa

tanta luz que era sombra y viceversa
y tanta vida trunca

vuelvo y pido perdón por la tardanza
se debe a que hice muchos borradores
me quedan dos o tres viejos rencores
y sólo una confianza

reparto mi experiencia a domicilio
y cada abrazo es una recompensa
pero me queda / y no siento vergüenza
nostalgia del exilio

en qué momento consiguió la gente
abrir de nuevo lo que no se olvida
la madriguera linda que es la vida
culpable o inocente.

vuelvo y se distribuyen mi jornada
las manos que recobro y las que dejo
vuelvo a tener un rostro en el espejo
y encuentro mi mirada

propios y ajenos vienen en mi ayuda
preguntan las preguntas que uno sueña
cruzo silbando por el santo y seña
y el puente de la duda

me fui menos mortal de lo que vengo
ustedes estuvieron / yo no estuve
por eso en este cielo hay una nube

y es todo lo que tengo
tira y afloja entre lo que se añora
y el fuego propio y la ceniza ajena
y el entusiasmo pobre y la condena
que no nos sirve ahora

vuelvo de buen talante y buena gana
se fueron las arrugas de mi ceño
por fin puedo creer en lo que sueño
estoy en mi ventana

nosotros mantuvimos nuestras voces
ustedes van curando sus heridas
empiezo a comprender las bienvenidas
mejor que los adioses

vuelvo con la esperanza abrumadora
y los fantasmas que llevé conmigo
y el arrabal de todos y el amigo
que estaba y no está ahora

todos estamos rotos pero enteros
diezmados por perdones y resabios
un poco más gastados y más sabios
más viejos y sinceros

vuelvo sin duelo y ha llovido tanto
en mi ausencia en mis calles en mi mundo
que me pierdo en los nombres y confundo
la lluvia con el llanto

vuelvo / quiero creer que estoy volviendo
con mi peor y mi mejor historia
conozco este camino de memoria
pero igual me sorprendo

Chau pesimismo

Ya sos mayor de edad
tengo que despedirte pesimismo

años que te preparo el desayuno
que vigilo tu tos de mal agüero
y te tomo la fiebre
que trato de narrarte pormenores
del pasado mediato
convencerte de que en el fondo somos
gallardos y leales
y también que al mal tiempo buena cara

pero como si nada
seguís malhumorado arisco e insociable
y te repantigás en la avería
como si fuese una butaca pullman

se te ve la fruición por el malogro
tu viejo idilio con la mala sombra
tu manía de orar junto a las ruinas
tu goce ante el desastre inesperado

claro que voy a despedirte
no sé por qué no lo hice antes
será porque tenés tu propio método
de hacerte necesario
y a uno le deja triste tu tristeza
amargo tu amargura
alarmista tu alarma

ya sé vas a decirme   no hay motivos
para la euforia y las celebraciones
y claro cuandonó tenés razón
pero es tan boba tu razón tan obvia
tan remendada y remedada
tan igualita al pálpito
que enseguida se vuelve sinrazón

ya sos mayor de edad
chau pesimismo

y por favor andate despacito
sin despertar al monstruo

Historia de vampiros

Era un vampiro que sorbía agua
por las noches y por las madrugadas
al mediodía y en la cena

era abstemio de sangre
y por eso el bochorno

de los otros vampiros
y de las vampiresas

contra viento y marea se propuso
fundar una bandada
de vampiros anónimos

hizo campaña bajo la menguante
bajo la llena y la creciente
sus modestas pancartas proclamaban
vampiros beban agua
la sangre trae cáncer

es claro los quirópteros
reunidos en su ágora de sombras
opinaron que eso era inaudito

aquel loco aquel alucinado
podía convencer a los vampiros flojos
esos que liban boldo tras la sangre

de modo que una noche
con nubes de tormenta
cinco vampiros fuertes
sedientos de hematíes plaquetas leucocitos
rodearon al chiflado al insurrecto
y acabaron con él y su imprudencia
cuando por fin la luna
pudo asomarse vio allá abajo
el pobre cuerpo del vampiro anónimo

con cinco heridas que manaban
formando un gran charco de agua

lo que no pudo ver la luna
fue que los cinco ejecutores
se refugiaban en un árbol
y a su pesar reconocían
que aquello no sabía mal

desde esa noche que fue histórica
ni los vampiros ni las vampiresas
chupan más sangre resolvieron
por unanimidad pasarse al agua

como suele ocurrir en estos casos
el singular vampiro anónimo
es venerado como un mártir

El Sur también existe

Con su ritual de acero
sus grandes chimeneas
sus sabios clandestinos
su canto de sirenas
sus cielos de neón
sus ventas navideñas
su culto de dios padre
y de las charreteras
con sus llaves del reino
el norte es el que ordena

pero aquí abajo abajo
el hambre disponible
recurre al fruto amargo
de lo que otros deciden
mientras el tiempo pasa
y pasan los desfiles
y se hacen otras cosas
que el norte no prohíbe
  con su esperanza dura
  el sur también existe

con sus predicadores
sus gases que envenenan
su escuela de chicago
sus dueños de la tierra
con sus trapos de lujo
y su pobre osamenta
sus defensas gastadas
sus gastos de defensa
  con su gesta invasora
  el norte es el que ordena

pero aquí abajo abajo
cada uno en su escondite
hay hombres y mujeres
que saben a qué asirse
aprovechando el sol
y también los eclipses
apartando lo inútil
y usando lo que sirve
  con su fe veterana
  el sur también existe

con su corno francés
y su academia sueca
su salsa americana
y sus llaves inglesas
con todos sus misiles
y sus enciclopedias
su guerra de galaxias
y su saña opulenta
    con todos sus laureles
    el norte es el que ordena

pero aquí abajo abajo
cerca de las raíces
es donde la memoria
ningún recuerdo omite
y hay quienes se desmueren
y hay quienes se desviven
y así entre todos logran
lo que era un imposible
    que todo el mundo sepa
    que el sur también existe

Una mujer desnuda y en lo oscuro

Una mujer desnuda y en lo oscuro
tiene una claridad que nos alumbra
de modo que si ocurre un desconsuelo
un apagón o una noche sin luna
es conveniente y hasta imprescindible
tener a mano una mujer desnuda

una mujer desnuda y en lo oscuro
genera un resplandor que da confianza
entonces dominguea el almanaque
vibran en su rincón las telarañas
y los ojos felices y felinos
miran y de mirar nunca se cansan

una mujer desnuda y en lo oscuro
es una vocación para las manos
para los labios es casi un destino
y para el corazón un despilfarro
una mujer desnuda es un enigma
y siempre es una fiesta descifrarlo

una mujer desnuda y en lo oscuro
genera una luz propia y nos enciende
el cielo raso se convierte en cielo
y es una gloria no ser inocente
una mujer querida o vislumbrada
desbarata por una vez la muerte

Tormenta

Un perro ladra en la tormenta
y su aullido me alcanza entre relámpagos
y al son de los postigos en la lluvia
yo sé lo que convoca noche adentro
esa clamante voz en la casona
tal vez deshabitada

dice sumariamente el desconcierto
la soledad sin vueltas
un miedo irracional que no se aviene
a enmudecer en paz

y tanto lo comprendo
a oscuras / sin mi sombra
incrustado en mi pánico
pobre anfitrión sin huéspedes

que me pongo a ladrar en la tormenta

Digamos

1.
Ayer fue yesterday
para buenos colonos
mas por fortuna nuestro
mañana no es tomorrow

2.
Tengo un mañana que es mío
y un mañana que es de todos
el mío acaba mañana
pero sobrevive el otro

Los poetas

Los poetas se encuentran en congresos
en saraos en cárceles en las antologías
unos cosechan loas en manuales de fama
otros son asediados por la casta censura

los poetas se abrazan en los aeropuertos
y sus tropos encienden la alarma en las aduanas
a menudo bostezan en recitales de otros
y asumen que en el propio bostecen los amigos

los poetas se instalan en las ferias anuales
y estampan codo a codo sus firmas ilegibles
y al concluir la faena les complace de veras
que se acerquen los jóvenes confianzudos y tímidos

los poetas se encuentran en simposios
por la paz pero nunca la consiguen
unos reciben premios / otros palos de ciego
son una minoría casual y variopinta

sus mejores hallazgos son harto discutibles
estudios inclementes revelan sus andamios
los analistas buscan variantes / los poetas
suelen dejar alguna para animar el corro

los poetas frecuentan boliches y museos
tienen pocas respuestas pero muchas preguntas
frugales o soberbios / a su modo sociables
a veces se enamoran de musas increíbles

beben discuten callan argumentan valoran
pero cuando al final del día se recogen
saben que la poesía llegará / si es que llega
siempre que estén a solas con su cuerpo y su alma

La vuelta de Mambrú

Por entonces Mambrú volverá de la guerra

Gerardo Diego

Cuando mambrú se fue a la guerra
llevaba una almohadilla y un tirabuzón
la almohadilla para descansar después
de las batallas
y el tirabuzón para descorchar las
efímeras victorias

también llevaba un paraguas contra
venablos aguaceros y palabrotas
un anillo de oro para la suerte y contra
los orzuelos
y un llavero con la llave de su más
íntimo desván

como a menudo le resultaba insoportable
la ausencia de la señora de mambrú
llevaba un ejemplar del cantar de los
cantares

y a fin de sobrellevar los veranillos
de san juan
un abanico persa y otro griego

llevaba una receta de sangría
para sobornar al cándido enemigo
y para el caso de que éste no fuese
sobornable
llevaba un arcabuz y un verduguillo

asimismo unas botas de potro que rara
vez usaba
ya que siempre le había gustado caminar
descalzo

y un caleidoscopio artesanal
debido probablemente a que marey edison
y lumière no habían nacido aún para
inventar el cine
llevaba por último un escudo de arpillera
porque los de hierro pesaban mucho
y dos o tres principios fundamentales
mezclados con la caspa bajo el
morrión

nunca se supo cómo le fue a mambrú
en la guerra
ni cuántas semanas o siglos se demoró
en ella

lo cierto es que no volvió para la pascua
ni para navidad
por el contrario transcurrieron centenares
de pascuas y navidades
sin que volviera o enviara noticias

nadie se acordaba de él ni de su perra
nadie cantaba ya la canción que en su
tiempo era un hit
y sin embargo fue en medio de esa
amnesia
que regresó en un vuelo regular de iberia
exactamente el miércoles pasado
tan rozagante que nadie osó atribuirle
más de un siglo y medio
tan lozano que parecía el chozno
de mambrú
por supuesto ante retorno tan insólito
hubo una conferencia de prensa en el
abarrotado salón vip
todos quisieron conocer
las novedades que traía
mambrú después de tanta guerra

cuántas heridas
cuántos grilletes
cuántos casus belli
cuántos pillajes
y zafarranchos de combate

cuántas invasiones
cuántas ergástulas
cuántas amnistías
cuántas emboscadas
y recompensas indebidas

cuántas cicatrices
cuánta melancolía
cuántos cabestrillos
cuántas hazañas
y rendiciones incondicionales

cuánto orgullo
cuántas lecciones
cuántos laureles
cuántas medallas
y cruces de chafalonía

ante el asedio de micrófonos
que diecinueve hombres de prensa
blandían como cachiporras
mambrú
oprimido pero afable
sólo alcanzó a decir
señores
no sé de qué me están hablando

traje una brisa con arpegios
una paciencia que es un río
una memoria de cristal
un ruiseñor dos ruiseñoras

traje una flecha de arco iris
y un túnel pródigo de ecos
tres rayos tímidos y una
sonata para grillo y piano
traje un torito tartamudo
y una canilla que no tose

traje un teléfono del sueño
y un aparejo para náufragos

traje este traje y otro más
y un faro que baja los párpados
traje un limón contra la muerte
y muchas ganas de vivir
fue entonces que nació la calma
y hubo un silencio transparente

un necio adujo que las pilas
se hallaban húmedas de llanto
y que por eso los micrófonos
estaban sordos y perplejos

poquito a poco aquel asedio
se fue estrechando en un abrazo

y mambrú viejo y joven y único
sintió por fin que estaba en casa

Informe sobre caricias

1.
La caricia es un lenguaje
si tus caricias me hablan
no quisiera que se callen

2.
La caricia no es la copia
de otra caricia lejana
es una nueva versión
casi siempre mejorada

3.
Es la fiesta de la piel
la caricia mientras dura
y cuando se aleja deja
sin amparo a la lujuria

4.
Las caricias de los sueños
que son prodigio y encanto
adolecen de un defecto
    no tienen tacto

5.
Como aventura y enigma
la caricia empieza antes
de convertirse en caricia

6.
Es claro que lo mejor
no es la caricia en sí misma
sino su continuación

Compañero de olvido

a Juan Gelman

Un jour passera la camaraderie
inerte de l'oubli.

René Char

Compañero remoto en tu fe de madera
alerta en la querella que no se desvanece
transcurres por los sueños y el incierto futuro
sin parpadear ni vernos / custodio de la noche

hacedores de inviernos y socorros mendigos
legatarios de brumas y expiaciones
se borran y te borran del próximo presagio
dictándote el olvido y olvidándote

de poco y nada sirven los residuos
de las dulzuras o de las borrascas
pero aun si proteges tu dolor bajo llave
igual han de llegarte mi alarma y mi consuelo

compañero de olvido / en el olvido
estamos recordándonos sabiéndonos

solidarios sin nombre / solitarios
de a uno o en montón pero insepultos

compañero de olvido / no te olvido
tus tormentos asoman en mis sienes blancuzcas
el mundo cambia pero no mi mano
ni aunque dios nos olvide / olvidaremos

Soneto (no tan) arbitrario

Con ciudades y autores frecuentados

Venecia / Guanajuato / Maupassant/
Leningrado / Sousándrade / Berlín /
Cortázar / Bioy Casares / Medellín /
Lisboa / Sartre / Oslo / Valle Inclán /

Kafka / Managua / Faulkner / Paul Celan /
Italo Svevo / Quito / Bergamín /
Buenos Aires / La Habana / Graham Greene /
Copenhague / Quiroga / Thomas Mann /

Onetti / Siena / Shakespeare / Anatole
France / Saramago / Atenas / Heinrich Böll /
Cádiz / Martí / Gonzalo de Berceo /

París / Vallejo / Alberti / Santa Cruz
de Tenerife / Roma / Marcel Proust /
Pessoa / Baudelaire / Montevideo

Terapia

Para no sucumbir
ante la tentación
del precipicio
el mejor tratamiento
es el fornicio

Se va se va el vapor

El barco es una lástima en la noche
estela de resaca y baba gris
polifemo en harapos / sin adioses
porque tiene vergüenza de partir

ojalá se llevara los espantos
el odio / las neblinas / el desdén
los profetas de trombas y naufragios
el último rufián de buena fe

el barco es una sombra entre las sombras
las gaviotas lo sueñan al pasar
y un fantasma en el cuarto de derrota
se enamora de un punto cardinal

el barco es un almario de rumores
y pocas almas de repetición
tres o cuatro quimeras polizones
y el suave escrupulario de rigor

en la tiniebla el barco se hace humo
y su sirena afónica y senil
ronca apenas un pálido discurso
porque tiene vergüenza de partir

Desde el alma (vals)

Hermano cuerpo estás cansado
desde el cerebro a la misericordia
del paladar al valle del deseo

cuando me dices / alma ayúdame
siento que me conmuevo hasta el agobio
que el mismísimo aire es vulnerable

hermano cuerpo has trabajado
a músculo y a estómago y a nervios
a riñones y a bronquios y a diafragma

cuando me dices / alma ayúdame
sé que estás condenado / eres materia
y la materia tiende a desfibrarse

hermano cuerpo te conozco
fui huésped y anfitrión de tus dolores
modesta rampa de tu sexo ávido

cuando me pides / alma ayúdame
siento que el frío me envilece
que se me van la magia y la dulzura

hermano cuerpo eres fugaz
coyuntural efímero instantáneo
tras un jadeo acabarás inmóvil

y yo que normalmente soy la vida
me quedaré abrazada a tus huesitos
incapaz de ser alma sin tus vísceras

Soneto kitsch a una mengana

Yo / fulano de mí / llevo conmigo
tu rostro en cada suerte de mi historia
tu cuerpo de mengana es una gloria
y por eso al soñar sueño contigo

luego / si el sueño acaba te persigo
soñándote despierto / es una noria
que rodea tu eco en mi memoria
y te cuenta esos sueños que te digo

así / sin intenciones misteriosas
sé que voy a elegir de buena gana
de mi viejo jardín sólo tus rosas

de las altas ventanas tu ventana
de los signos del mar tu mar de cosas
y de todo el amor / tu amor / mengana

Certificado de existencia

Ah, ¿quién me salvará de existir?

Fernando Pessoa

Dijo el fulano presuntuoso /
hoy en el consulado
obtuve el habitual
certificado de existencia
consta aquí que estoy vivo
de manera que basta de calumnias
este papel soberbio / irrefutable
atestigua que existo

si me enfrento al espejo
y mi rostro no está
aguantaré sereno
despejado

¿no llevo acaso en la cartera
mi recién adquirido
mi flamante
certificado de existencia?

vivir / después de todo
no es tan fundamental

lo importante es que alguien
debidamente autorizado
certifique que uno
probadamente existe

cuando abro el diario y leo
mi propia necrológica
me apena que no sepan
que estoy en condiciones
de mostrar dondequiera
y a quien sea
un vigente prolijo y minucioso
certificado de existencia

existo luego pienso
¿cuántos zutanos andan por la calle
creyendo que están vivos
cuando en rigor carecen del genuino
irremplazable
soberano
certificado de existencia?

Utopías

Cómo voy a creer / dijo el fulano
que el mundo se quedó sin utopías

cómo voy a creer
que la esperanza es un olvido
o que el placer una tristeza

cómo voy a creer / dijo el fulano
que el universo es una ruina
aunque lo sea
o que la muerte es el silencio
aunque lo sea

cómo voy a creer
que el horizonte es la frontera
que el mar es nadie
que la noche es nada

cómo voy a creer / dijo el fulano
que tu cuerpo / mengana
no es algo más de lo que palpo
o que tu amor
ese remoto amor que me destinas
no es el desnudo de tus ojos
la parsimonia de tus manos

cómo voy a creer / mengana austral
que sos tan sólo lo que miro
acaricio o penetro

cómo voy a creer / dijo el fulano
que la utopía ya no existe
si vos / mengana dulce
osada / eterna
si vos / sos mi utopía

Ese gran simulacro

Cada vez que nos dan clases de amnesia
como si nunca hubieran existido
los combustibles ojos del alma
o los labios de la pena huérfana
cada vez que nos dan clases de amnesia

y nos conminan a borrar
la ebriedad del sufrimiento
me convenzo de que mi región
no es la farándula de otros

en mi región hay calvarios de ausencia
muñones de porvenir / arrabales de duelo
pero también candores de mosqueta
pianos que arrancan lágrimas
cadáveres que miran aún desde sus huertos
nostalgias inmóviles en un pozo de otoño
sentimientos insoportablemente actuales
que se niegan a morir allá en lo oscuro
el olvido está tan lleno de memoria
que a veces no caben las remembranzas
y hay que tirar rencores por la borda
en el fondo el olvido es un gran simulacro
nadie sabe ni puede / aunque quiera / olvidar
un gran simulacro repleto de fantasmas
esos romeros que peregrinan por el olvido
como si fuese el camino de santiago

el día o la noche en que el olvido estalle
salte en pedazos o crepite /
los recuerdos atroces y los de maravilla
quebrarán los barrotes de fuego
arrastrarán por fin la verdad por el mundo
y esa verdad será que no hay olvido

Pájaros

Hace ya varios siglos
que pájaros ilustres sobrevuelan
los predios de la vasta poesía

la golondrina el ruiseñor la alondra
la calandria el jilguero el picaflor
el cuervo la oropéndola
y por supuesto el ave fénix
han sido convocados por poetas
para poblar sus bosques
ornamentar sus cielos
y rellenar metáforas

yo aquí rompo una lanza
por los discriminados / los que nunca
o pocas veces comparecen
los pobres pajaritos del olvido
que también están llenos de memoria

por eso aquí propongo
al canario el gorrión el tordo el mirlo
la viuda el estornino el cardenal
la tórtola la urraca el hortelano
el martín pescador el benteveo
para que alguna vez entren al verso
aunque tan sólo sea / como en esta ocasión
por la modesta puerta de servicio

El ojo del pez

El ojo de este pez que aún se agita
no evoca desconcierto sino confirmación
de sus presagios sobre el pobre mundo

el ojo del pez mira
a través de los cuerpos

su milenaria experiencia de sal
le ha otorgado esta trémula pasión de la agonía
y a través de los cuerpos su mirada penúltima
va dejando legados de abras y resacas

el ojo del pez mira y no se apaga
ni siquiera bajo el don de la lluvia
ese siempre esperado
mar de arriba

el pez ya no se mueve ni boquea
pero aun desde el velo de su amnesia
desde el abismo de su poca muerte
el ojo del pez mira mira mira
y es penoso sostener su mirada

Burbuja

En el silencio universal
por compacto que sea
siempre se escucha el llanto
de un niño
en su burbuja

Poeta menor

La meta es el olvido.
Yo he llegado antes.

J. L. Borges: «Un poeta menor»

Alguna vez le han dicho
en clave de odio manso
que es / que siempre ha sido
un poeta menor

y de pronto ha notado
que se sentía a gusto
en ese escalafón

en los años de vuelta
es muy gratificante
ser un poeta menor
cuando lee y relee
a sus poetas mayores
y dialoga con ellos

ya no de igual a igual
sino entre desiguales

asume sin recelo
la distancia cordial
y también sideral
que lo separa de ellos

lo bueno lo mejor
es que en esa distancia
no circula la envidia

los poetas mayores
son mayores de veras
entre otras razones
porque se los compara
con los poetas menores

su genio es la ventaja
sobre los desvelados
que hacen mala letra
por vocación y a veces
por equivocación

después de todo ¿qué
sería de los poetas
mayores sin los poetas
menores
sin su aliento?

los poetas menores
escriben a menudo
por amor / por temblor
y llaman al pan pan
o viceversa al vino vino

hacen versos a solas
en las terrazas
en los aeropuertos /
construyen sus silencios
en medio del fragor
y llenan de palabras
la cautela

ciertos lectores dicen
que son casi como ellos
(son lectores menores
por supuesto)

unos y otros admiran
a los poetas mayores
y se nutren con citas
de sus obras completas

en los años de vuelta
es muy gratificante
ser un poeta menor

Pies hermosos

La mujer que tiene los pies hermosos
nunca podrá ser fea
mansa suele subirle la belleza
por tobillos pantorrillas y muslos
demorarse en el pubis
que siempre ha estado más allá de todo canon
rodear el ombligo como a uno de esos timbres
que si se les presiona tocan para elisa
reivindicar los lúbricos pezones a la espera
entreabrir los labios sin pronunciar saliva
y dejarse querer por los ojos espejo

la mujer que tiene los pies hermosos
sabe vagabundear por la tristeza

Señales

En las manos te traigo
viejas señales
son mis manos de ahora
no las de antes

doy lo que puedo
y no tengo vergüenza
del sentimiento

si los sueños y ensueños
son como ritos

el primero que vuelve
siempre es el mismo

salvando muros
se elevan en la tarde
tus pies desnudos

el azar nos ofrece
su doble vía
vos con tus soledades
yo con las mías

y eso tampoco
si habito en tu memoria
no estaré solo

tus miradas insomnes
no dan abasto
dónde quedó tu luna
la de ojos claros

mírame pronto
antes que en un descuido
me vuelva otro

no importa que el paisaje
cambie o se rompa
me alcanza con tus valles
y con tu boca

no me deslumbres
me basta con el cielo
de la costumbre

en mis manos te traigo
viejas señales
son mis manos de ahora
no las de antes

doy lo que puedo
y no tengo vergüenza
del sentimiento

Despabílate amor

Bonjour buon giorno guten morgen
despabílate amor y toma nota
sólo en el tercer mundo
mueren cuarenta mil niños por día
en el plácido cielo despejado
flotan los bombarderos y los buitres
cuatro millones tienen sida
la codicia depila la amazonia

buenos días good morning despabílate
en los ordenadores de la abuela onu
no caben más cadáveres de ruanda
los fundamentalistas degüellan a extranjeros
predica el papa contra los condones
havelange estrangula a maradona

bonjour monsieur le maire
forza italia buon giorno
guten morgen ernst junger
opus dei buenos días
good morning hiroshima

despabílate amor
que el horror amanece

Bostezo

¿No te aburre asistir a esta sequía
de los sentimientos? ¿a esta
chafalonía de los vencedores?
¿al promesario de los púlpitos?
¿al fuego fatuo de los taumaturgos?
¿al odio de los viscerales?
¿no te empalagan los alabanceros?
¿la caridad de los roñosos?

¿el sesgo irónico de las encuestas?
¿los mentirosos constitucionales?
¿no te amola el zumbido de los frívolos?
¿las guasas del zodíaco?
¿el vaivén de la bolsa?
¿no te viene el deseo irreprimible
de abrir la boca en un bostezo espléndido?

pues entonces bosteza / hijo mío / bosteza
con la serenidad de los filósofos
y la cachaza de los hipopótamos

Sobre cartas de amor

Una carta de amor
no es un naipe de amor

una carta de amor tampoco es una carta
pastoral o de crédito / de pago o fletamento

en cambio se asemeja a una carta de amparo
ya que si la alegría o la tristeza
se animan a escribir una carta de amor
es porque en las entrañas de la noche
se abren la euforia o la congoja
las cenizas se olvidan de su hoguera
o la culpa se asila en su pasado

una carta de amor
es por lo general un pobre afluente
de un río caudaloso
y nunca está a la altura del paisaje
ni de los ojos que miraron verdes
ni de los labios dulces
que besaron temblando o no besaron
ni del cielo que a veces se desploma
en trombas en escarnio o en granizo

una carta de amor puede enviarse
desde un altozano o desde una mazmorra
desde la exaltación o desde el duelo
pero no hay caso / siempre

será tan sólo un calco
una copia frugal del sentimiento

una carta de amor no es el amor
sino un informe de la ausencia

Piernas

Las piernas de la amada son fraternas
cuando se abren buscando el infinito
y apelan al futuro como un rito
que las hace más dulces y más tiernas

pero también las piernas son cavernas
donde el eco se funde con el grito
y cumplen con el viejo requisito
de buscar el amparo de otras piernas

si se separan como bienvenida
las piernas de la amada hacen historia /
mantienen sus ofrendas y enseguida

enlazan algún cuerpo en su memoria /
cuando trazan los signos de la vida
las piernas de la amada son la gloria

No sé quién es

Es probable que venga de muy lejos
no sé quién es ni adónde se dirige
es sólo una mujer que se muere de amor
se le nota en sus pétalos de luna
en su paciencia de algodón / en sus
labios sin besos u otras cicatrices /
en los ojos de oliva y penitencia

esta mujer que se muere de amor
y llora protegida por la lluvia
sabe que no es amada ni en los sueños /
lleva en las manos sus caricias vírgenes
que no encontraron piel donde posarse /
y / como huye del tiempo / su lujuria
se derrama en un cuenco de cenizas

Sonata para adiós y flauta

Te vas tan sola como siempre
te echaremos de menos
yo y los abrazos de la tarde
yo y mi alma y mi cuerpo

tu larga sombra se resiste
a abandonarnos / pero
has decidido que se fuera
contigo a todo riesgo

de todos modos no querría
que enterraras tu sueño
aquel en que tu amor de nadie
era como un estreno

te vas de nuevo no sé adónde
y tu adiós es un eco
que se prolonga y nos alude
como un último gesto

nunca guardaste la ternura
como pan para luego
estoy seguro de encontrarla
liviana entre tus pechos

te vas con paso de derrota
pero no me lo creo
siempre has vencido en tu querella
contra el odio y el miedo

quién sabe allá lo que te aguarda
ese allá tan desierto
que se quedó sin golondrinas
todo erial / todo invierno

mas si una tarde te extraviaras
entre el mar y el espejo
recuerda siempre que aquí estamos
yo y mi alma y mi cuerpo

Papel mojado

Con ríos
con sangre
con lluvia
o rocío
con semen
con vino
con nieve
con llanto
los poemas
suelen
ser
papel mojado

Soliloquio del desaparecido

Sin esperanza y sin alarmas
no sé si voy o permanezco
en esta niebla que me aísla
sin odio ni misericordia

todo lo ignoro del crepúsculo
esa guirnalda de imposibles
vengo de ahogos y estropajos
antes estaba / ya no estoy

sé que he dejado de escaparme
ya no respondo a nadie / a nada
he dicho no como un tañido

como un fragor como un repique
ahora estoy solo y sin hambre
me siento ingrávido y sin sed
no tengo huesos ni bisagras
no tengo ganas ni desgana

podría ser un esperpento
un trozo de alma / un alma entera
los muebles viejos y las calles
el bosque y todos los espejos

en un instante se esfumaron
o se inhumaron / ya no cuentan

sólo la luna se mantiene
casi al alcance de la mano
pero también perdí las manos
y las mandíbulas y el sexo

los rostros son apariciones
pasan y no hablan / hay algunos
que lloran con los labios secos
otros añoran a ojos vistas

tengo una duda medianera
entre lo real y lo soñado
he sido sueño tantas veces
que no me ubico en este insomnio

tuve una madre / de sus pechos
extraje vida o lo que fuese

¿cuál era el nombre? sólo sé
que anda con un pañuelo blanco
amé un amor / pero ella estuvo
porfiada / loca / tan hermosa
diciendo no como un rebato
como un temblor / como una queja

¿será esta niebla el infinito?
el infinito ¿será dios?
¿será que dios no se perdona
habernos hecho tan inermes?

no floto a ciegas / el espacio
tiene amarguras serviciales
pero no voy a padecerme /
el dolor viejo ya no es mío

cierto poeta / no sé quién
sopló en mi oído para siempre
dijo / ya va a venir el día

y dijo / ponte el cuerpo / creo
que existe un solo inconveniente
no tengo cuerpo que ponerme
no tengo madre ni mujer
no tengo pájaros ni perro

es la vacía soledad
solo sin llave y sin barrotes
solo expulsado de la vida
solo sin víspera de abrazos

podría ser un esperpento
un trozo de alma / un alma entera
pero se va neutra la niebla
y se suspende la alborada
hay manos tiernas en que estuve
hay llantos en la lejanía
voces que alzan siete signos
que fueron letras de mi nombre

no sé qué hice / si es que hice

en la memoria falta un río
faltan afluentes / hay apenas
un arroyito que es de sangre

todo se borra / por lo pronto
me desvanezco / vuelvo al limbo

así / sin más / desaparecen
algunos desaparecidos

¿Qué les queda a los jóvenes?

¿Qué les queda por probar a los jóvenes
en este mundo de paciencia y asco?
¿sólo grafitti? ¿rock? ¿escepticismo?
también les queda no decir amén
no dejar que les maten el amor
recuperar el habla y la utopía
ser jóvenes sin prisa y con memoria

situarse en una historia que es la suya
no convertirse en viejos prematuros

¿qué les queda por probar a los jóvenes
en este mundo de rutina y ruina?
¿cocaína? ¿cerveza? ¿barras bravas?
les queda respirar / abrir los ojos
descubrir las raíces del horror
inventar paz así sea a ponchazos
entenderse con la naturaleza
y con la lluvia y los relámpagos
y con el sentimiento y con la muerte
esa loca de atar y desatar

¿qué les queda por probar a los jóvenes
en este mundo de consumo y humo?
¿vértigo? ¿asaltos? ¿discotecas?
también les queda discutir con dios
tanto si existe como si no existe
tender manos que ayudan / abrir puertas
entre el corazón propio y el ajeno /
sobre todo les queda hacer futuro
a pesar de los ruines del pasado
y los sabios granujas del presente

Índice de primeros versos